Gerhard Eckert
Ostseeküste

W0056758

Stöppel · Freizeitführer 942

Gerhard Eckert

OSTSEEKÜSTE

mit Rügen, Usedom, Hiddensee, Darß

Kartenhinweise

Topographische Karten 1 : 50.000 N-33-77-A "Swinoujscie", N 33-76-B "Usedom" (**1**); 33-65 C "Koserow" (**2**); 33-64 D "Wolgast" (**2, 3,4**); N 33-51 D "Bergen" (**5,10,11,12**), N 33-63-B "Garz", N 33-63 A "Stralsund" (**5**); N 33-52 C "Ostseebad Binz" (**6,7, 8,9,11**), N 33-64 A "Thiessow" (**6**); N 33-52 A "Saßnitz" (**13**), N 33-51 B "Wiek", N 33-39 D "Kap Arkona", N 33-51-A "Dranske" (**14** und **Hiddensee**); N 33-61 B "Ribnitz-Damgarten" (**15,16**); N 33-49 D "Ostseebad Wustrow" (**16**), N 33-50 C "Barth" (**16, 17,18**); N 33-50 D "Groß Mohordorf" (**16**); N 32-83 A "Grevesmühlen", N 32-82 B "Schönberg" (**19**); N 32-72 C "Kühlungsborn" (**20, 21**); N 32-72D "Bad Doberan" (**21**); N 33-64 C "Lubmin"(**22**). Umgebungskarte "Wismar und die Insel Poel" 1 : 25 000, Geodäsie+Kartographie, Schwerin. Übersichtskarte 1 : 75.000 (**16**), Wander- und Freizeitkarte 1 : 75.000 "Fischland-Darß-Zingst", Nordland Verlag, Hannover; Rad- und Wanderkarte Kreis Bad Doberan 1 : 75.000 (**20**).

Die in Klammern gesetzten, fettgedruckten Zahlen sind die Tourennummern.

CIP-Einheitsaufnahme der Deutschen Bibliothek
Eckert, Gerhard: Das Radwanderbuch Ostseeküste : mit Rügen, Usedom, Hiddensee, Darss ; Erlebnistouren an Mecklenburg-Vorpommerns Küste / Gerhard Eckert. Weilheim : Stöppel, 1994
(Stöppel-Freizeitführer ; 942)
ISBN 3-924012-717
NE: GT

Trotz größter Sorgfalt bei Recherche und Zusammenstellung der Informationen für diesen Führer können die Autoren und der Verlag für deren Richtigkeit keine Gewähr übernehmen.

Fotos: Anneliese Eckert, Kükelühn
Titelfoto Hiddensee: Bildagentur Rügen, Bergen

Redaktion: Helga Griesel, Weilheim
Karten und Herstellung: Das Grüne Atelier, Moosrain
Fotosatz: Robert Stöppel, Weilheim
Lithos: MCR, Holzkirchen
Druck: Schauenburg Graphische Betriebe, Schwanau
ISBN: 3-924012-**71**-7

Inhalt

Streckenlänge

 Startpunkt

 Wegbeschaffenheit
Besondere Hinweise

 Einkehrmöglichkeiten

 Öffnungszeiten

 Informationsstellen

 Bademöglichkeiten

Liebenswerte Ostsee

Ist die Ostsee größer geworden? Beinahe könnte es so scheinen. Denn mehr als vier Jahrzehnte lang waren sowohl die Bürger der alten wie auch der neuen Bundesländer jeweils nur auf einen Teil der ausgedehnten Küste angewiesen. Die einen auf Schleswig-Holstein, die anderen auf Mecklenburg-Vorpommern. Erst jetzt hat sich für beide eine „neue" Ostseewelt wieder geöffnet. Von überall her sind die Küsten zwischen Lübeck und Ahlbeck, sind Inseln wie Rügen oder Usedom, sind Fischland und Darß wieder selbstverständliche Ziele für ostseesüchtige Urlauber geworden. Viele Strände also, denen mancher lange nachtrauerte und die vielen unerreichbar schienen. Wir alle können uns freuen, daß die deutsche Ostseeküste von der Grenze zu Dänemark bis zu der nach Polen wieder vollständig ist: 70 Badeorte insgesamt, von denen rund die Hälfte auf Mecklenburg-Vorpommern entfällt. Vielerlei Strandfreuden also, die dem ferienfrohen Urlauber die Entscheidung schwer machen, wohin er reisen soll. Schön ist es überall!

Namen und Landschaften aus der Vorkriegszeit haben eine neue Aktualität erhalten. Wer aus der alten Bundesrepublik seine Ostseeliebe mehrere Jahrzehnte lang auf Schleswig-Holstein beschränkt sah, muß umdenken. Strände aus der Vorkriegszeit - den jüngeren Urlaubern fremder als Rimini oder Benidorm, als Mallorca oder Capri - tauchten plötzlich wieder auf und gewinnen neues Ansehen. Soll also der Liebhaber der Ostsee bei den vertrauten Zielen in Schleswig-Holstein bleiben oder nach den neuen Möglichkeiten in Mecklenburg und Vorpommern Ausschau halten, die - bei Lichte besehen - durchaus die alten sind? Dabei müssen sich auch die Ostbürger auf Überraschungen einstellen. Wo das Zimmer mit Dusche/WC Seltenheitswert hatte, wo Putz von den Wänden bröckelte, wo vieles muffig, ungastlich war, hat in wenigen Jahren, eigentlich in erstaunlich kurzer Zeit, der große Wandel eingesetzt. Gepflegte Strandpromenaden, gut markierte Wander- und vor allem Fahrradwege, insbesondere die vielen in jüngster Zeit angelegten Seebrücken geben den meisten Badeorten ein neues Gesicht. Hier bestand - ebenso wie in den Gastbetrieben - ein erheblicher Nachholbedarf. Es ist nicht zu viel gesagt: Die Ostseebäder von einst sind dabei, ihren Rückstand an Komfort und Gastlichkeit gegenüber dem schleswig-holsteinischen Nachbarn zu beseitigen. Wo es vielleicht noch an Mitteln fehlt oder wo Bürokratie den Fortschritt lähmt, müssen Schönheitsfehler in Kauf genommen werden.

Denn jenseits von allem, was wir an Komfort und gepflegter Gastlichkeit erwarten, empfängt uns an der über 600 Kilometer langen Küste zwischen Boltenhagen - vor den Toren Lübecks - und Ahlbeck - an der Grenze zu Polen - eine Fülle landschaftlicher Erlebnisse und Höhepunkte der Ostsee: Kreidefelsen und Buchenwälder von Rügen, urige Waldeinsamkeit des Darß, Inselzauber in vielfacher Gestalt, feinsandige Strände und hochragende Klippen. Wo die Natur gefährdet sein könnte, hat man sie unter sorgsamen Schutz gestellt. Als Glanzlichter dieser Landschaftsherrlichkeit stehen Schlösser und Kirchen aus früher Vergangenheit, haben die alten Hansestädte ihr gotisches Backsteingesicht bewahrt oder sind dabei, es zu restaurieren. In beinahe unübersehbarer Fülle finden sich nicht nur in den Städten, sondern auch in Dörfern und Ostseebädern Museen zu Themen aller Art, aus denen Land und Leute lebendig werden. Namen von Rang sind aus der Vergangenheit mit den Küsten des Landes verbunden: Caspar David Friedrich, Ernst Moritz Arndt, Philipp Otto Runge, Heinrich Schliemann oder Gerhart Hauptmann und weiter im Binnenland Fritz Reuter und Ernst Barlach. Anders gesagt: Der natürlichen Landschaft entspricht auch eine Landschaft der Kultur!

Wer hier an der Ostsee unterwegs ist, muß in der Saison und an den Wochenenden mit viel Verkehr rechnen, dem die Straßen nicht immer gewachsen sind. Viele waren vernachlässigt oder durch ihr Kopfsteinpflaster nur unbequem befahrbar. Das verbessert sich zusehends. Auch Radwege entstehen beinahe überall. Liebenswerte Nostalgie verbindet sich mit den beiden Kleinbahnen - eine auf Rügen, die andere zwischen Bad Doberan und Kühlungsborn -, die unter ihren volkstümlichen Namen „Rasender Roland" und „Molli" bekannt sind. Sie erleichtern auch manche Radtour. Eine größere Rolle als in Schleswig-Holstein spielen die Schiffe, die das Angebot der Seebrücken ausnutzen oder im wässrigen Hinterland von Bodden oder Achterwasser unterwegs sind. Da ist es logisch, daß Wassersport wie Segeln oder Surfen überall groß geschrieben wird.

Vor einigen Jahrzehnten empfahl ein viel gesungener Schlager „Pack' die Badehose ein". Das gilt nicht nur für den Wannsee, sondern heute auch wieder für die Ostsee. Als „Badewanne Berlins" hat man sie bezeichnet. Allen Lockungen südlicher Strände an Mittelmeer oder Atlantik zum Trotz verbindet sich mit Urlaub an der Ostsee heute wie eh und je ein Bewußtsein von verläßlicher Behaglichkeit, von bodenständigem Wohlfühlen, von Badefreuden und erholsamen Stunden in dem - nicht zufällig in Mecklenburg-Vorpommern „erfundenen" - der Sonne zugewandten Strandkorb. Nur daran zu denken, läßt das Herz höher schlagen. Auch die Ostseeküste der neunziger Jahre hält, was sie seit dem Beginn der Badefreuden vor mehr als 200 Jahren im mecklenburgischen Heiligendamm bewahrt und ständig weiterentwickelt hat: Ferien- und Naturerlebnisse, Zufriedenheit und ein Gefühl des Glücks. Was alles an der Ostsee von Mecklenburg-Vorpommern zu erleben ist und wo Sie mit Ihrem Rad am besten rollen können, will Ihnen dieses Buch vermitteln.

Gerhard Eckert

Soweit die Küste reicht

Mecklenburg-Vorpommern gehört zu den Ländern, die in der Mitte einen Bindestrich haben. Das macht deutlich: Hier sind zwei Länder (wie etwa bei Baden-Württemberg) in einen Topf geworfen worden. Allerdings: Nur eines der Teilländer ist komplett, nämlich Mecklenburg. Das andere, Pommern, ist lediglich mit seinem westlichen Gebiet dabei, also Vorpommern. Das ergibt sich daraus, daß Hinterpommern, Stettin kurzerhand einbezogen, inzwischen zu Polen gehört.

Für unsere Ostseeküste bedeutet das, daß sie zwischen Ahlbeck und Swinemünde (beide auf der Insel Usedom) endet. Nicht mehr ohne die unvermeidlichen Grenzformalitäten zu besuchen sind die Insel Wollin mit dem namhaften Seebad Misdroy und dem stilleren Heidebrink, sowie weiter nach Osten Fischerkaten und Kolberg, Sorenbohm und Rügenwalde, Stolpermünde und Leba - Namen, die kaum noch einer kennt.

Das Land "mit dem Bindestrich" umschließt von Boltenhagen (östlich von Lübeck) bis Ahlbeck an der Grenze zu Polen vielerlei Ostseebäder, von denen manche Ältere lange geträumt haben. Wenn Mecklenburg und Vorpommern unter einen Hut gebracht wurden, dann gibt es irgendwo auch eine Grenze, an der Mecklenburg endet und Vorpommern beginnt. Zum Glück muß man schon sehr genau Ausschau halten, um sie zu entdecken. Das heißt freilich nicht, daß die einheimischen Mecklenburger und Pommern keinen Wert auf ihre Zugehörigkeit legten. Mecklenburger und Pommern möchten durchaus als unterschiedlich angesehen werden, wie sie sich ja ebenfalls von den holsteinischen Nachbarn unterscheiden.

Die ursprüngliche Grenze zwischen Mecklenburg und Vorpommern, die aus vielen Karten gar nicht mehr ersichtlich ist, verläuft im Küstenbereich im Zug des Flüßchens Recknitz und jenseits des Saaler Boddens südwestlich von Ahrenshoop. Denn das Fischland (mit den Badeorten Dierhagen und Wustrow) gehört zu Mecklenburg. Mit Ahrenshoop beginnt bereits der Darß und damit Vorpommern. (Das steht nicht einmal in jedem Lexikon richtig!) Eine amüsante Originalität stellt die Doppelstadt Ribnitz-Damgarten (16.500 Einwohner) an der B 105 dar. Ribnitz nämlich ist noch mecklenburgisch, das auf der anderen Seite der Recknitzbrücke gelegene Damgarten jedoch pommersch. Das ist keine Neuerung. Vielmehr wurde Damgarten durch den Rügenfürsten Jaromar II. schon 1258 begründet. Der Grund: Pommern durch diese Siedlung am Fluß gegen die jenseitigen Mecklenburger abzuschirmen. Auch wenn sie heute in einer Stadt zusammengeschlossen sind, was seit 1950 der Fall ist, besteht die alte Rivalität, die

durch Fischerei- und Zollrechte entstand, bis heute. Ein solches Gegenein-
ander zwischen Mecklenburgern und Pommern ist auch durch die Zusammengehörigkeit in einem Land nicht verschwunden. Auch der Besucher tut
gut daran, solche Gefühle nicht zu verletzen und - sozusagen - darauf zu
achten, auf welcher Seite der Recknitz er sich befindet. Nicht jeder
Pommer ist begeistert, wenn er als Mecklenburger bezeichnet wird - umgekehrt nicht anders.

An der Küste beginnen mit Ahrenshoop und dem Darß die Ostseebäder
Pommerns, die als Schwerpunkte die Inseln Rügen und Usedom aufweisen.
Sie sind in der Überzahl. Nur ein Viertel dieser Küstenbäder von Mecklenburg-Vorpommern befindet sich auf mecklenburgischem Boden, darunter
freilich so namhafte wie Heiligendamm, Warnemünde oder Graal-Müritz.
Auch bei den Inseln steht Mecklenburgs Poel weit hinter Rügen und Usedom zurück. Dafür freilich beherbergt der mecklenburgische Landesteil die
Hauptstadt Schwerin und die Küstenstädte Wismar und Rostock. Zu Vorpommern gehören unter den größeren Städten Stralsund und Greifswald.

Stralsund mit Rathausfront und Nikolaikirche

Mehr als Strände...

Selbstverständlich umfaßt das Land Mecklenburg-Vorpommern weit mehr, als sich an der Küste und in ihrer Nähe befindet. Den Streit um die Spitzenstellung als Landeshauptstadt zwischen den beiden einzigen Großstädten Rostock und Schwerin hat die letztere gewonnen - keine ausgesprochene Küstenstadt also, sondern 35 Kilometer von der Ostsee entfernt. Auch wenn Mecklenburg-Vorpommern ein eher dünn besiedeltes Land ohne viele städtische Schwerpunkte ist, besitzen diese Städte doch Gesicht und Gewicht.

An den Küsten liegen die Hafen- und Hansestädte, die schon im Mittelalter zu Reichtum und Ansehen gelangten. Da konnte und kann Schwerin nicht mithalten. Die Mitgliedschaft in der von Kaufleuten organisierten Hanse gab im Westen Lübeck, Hamburg und Bremen Gewicht, in Mecklenburg-Vorpommern Wismar, Rostock, Stralsund und Greifswald. An diese Tradition erinnern heute auf den Straßen die Autokennzeichen mit dem vorangesetzten H: etwa HRO oder HST, wie es im Westen für Lübeck, Hamburg und Bremen schon lange der Fall war.

Der bürgerlich-kaufmännischen Wurzel der Küstenstädte entsprechen in anderen Teilen des Landes die Residenzen mit ihren Schlössern und Parkanlagen. Für Schwerin sozusagen der Ausgleich für fehlende Weltläufigkeit. Aber daneben zehren auch heute noch Ludwigslust und Güstrow, Neustrelitz oder Putbus auf Rügen vom Glanz einstiger Fürstenherrlichkeit. Ritterliche Vergangenheit spiegelt sich - am bemerkenswertesten in Neubrandenburg - in den Toren und Türmen, mit denen die Städte sich gegen feindliche Überfälle sicherten. Sie verkörpern zugleich eine Bauweise, die sich in ganz Norddeutschland im Mittelalter ausbreitete, weil es an der Küste und in ihrem Hinterland an Hausteinen für kirchliche und weltliche Prachtbauten fehlte. Gebrannte Ziegel schufen sich ihren eigenen Stil, die „Backsteingotik". Während im deutschen Westen und Süden die Nachahmung fremder Formen - in oft großartiger Meisterschaft - vorherrschte, entstand im Norden und Nordosten mit den Bauten von Lübeck und Rostock, von Wismar und Stralsund eine typisch deutsche Stilform. Der bedeutende Kunsthistoriker Wilhelm Pinder hat diese norddeutsche Backsteinkunst als „eines der stolzesten Kapitel unserer Gesamtgeschichte" und zum „Unanfechtbarsten und Überzeugendsten" gezählt.

Wer an die Ostsee fährt, tut gut daran, sich auch in diesen Städten umzusehen, deren Reichtum an Kunst und Kultur die landläufige Meinung Lügen straft, daß Mecklenburg und Vorpommern ödes, plattes Land seien, die Strände ausgenommen. Was für ein Unsinn! Wer sich die Mühe macht, neben den paar „berühmten" Städten auch entlegene Dörfer aufzusuchen, wird einer reichen Vielfalt mittelalterlicher Kirchen begegnen, die er nie und nimmer hier vermutet hätte.

Ganze und halbe Inseln

„Inseln", so haben wir von Truman Capote gelernt, „sind wie Schiffe, die ständig vor Anker liegen". Was er vom Mittelmeer ablas, gilt auch für die Ostsee. Nur mit einer einzigen Insel konnte Schleswig-Holstein die Besucher anlocken: Fehmarn. Jetzt hat sich das Inselangebot vervielfacht und landschaftlich bereichert. Kein Wunder, daß das Hauptinteresse vieler Ostseefahrer der letzten Jahre vor allem Rügen und dem vorgelagerten Hiddensee galt. Aber auch Usedom zog neue und alte Gäste an. Die weniger bekannte Insel Poel, nördlich von Wismar, läßt sich als eine verkleinerte Ausgabe von Fehmarn auffassen.

Nicht nur die größte (926 qkm) sondern wohl auch die schönste deutsche Ostsee-Insel ist Rügen. Der Strelasund, der Rügen von Stralsund trennt, wurde bis in die dreißiger Jahre durch ein Trajekt überquert, das ab 1883 auch Eisenbahnwagen beförderte. Seit 1936 verbindet der 2,5 Kilometer lange Rügendamm mit einer 540 Meter langen Brücke über den Sund die Insel mit dem Festland. Der sommerliche Andrang hat zur Verladung von Autos auf den Zug und zu einer Fährverbindung geführt, um damit den Stau überwinden zu helfen.

Rügen ist eine von der Natur bevorzugte und vielfach gegliederte Insel mit zwei großen Waldgebieten. Eines, die Granitz, mit einem Jagdschloß auf dem 107 Meter hohen Tempelberg bei Binz. Das andere, nördlich von Sassnitz, die Stubnitz auf der Halbinsel Jasmund mit dem 119 Meter aus dem Meer aufragenden Kreidefelsen des Königstuhls der Stubbenkammer. Neben der Hafenstadt Sassnitz ist Bergen die Inselhauptstadt, Putbus die einstige Residenzstadt. Rügens Ufer sind überraschenderweise weithin steil oder steinig. Lediglich die Westküste zwischen Thiessow und Saßnitz weist prächtige flache Sandstrände mit vier Badeorten auf, von denen Binz der größte und eleganteste ist. Neben Fischerei und Fremdenverkehr wird viel Landwirtschaft betrieben. Die Vorgeschichte ist durch mehr als 50 viertausendjährige sogenannte Hünengräber und 500 bronzezeitliche Hügelgräber gegenwärtig. Zwischen Putgarten im Norden, unweit des 46 Meter hohen Kaps Arkona (mit dem nach Plänen von Schinkel erbauten Leuchtturm) und Altefähr (gegenüber Stralsund) im Süden besitzt die Insel mehr als drei Dutzend mittelalterlicher Kirchen. Die Kleinbahn mit dem Spitznamen „Rasender Roland", die die Strecke von 24 Kilometern in 70 bis 80 Minuten zurücklegt, ist das ideale Beförderungsmittel für Fahrräder, um von einer der zehn Stationen zu einer Radtour aufzubrechen.

Von Stralsund oder einem Inselort, insbesondere Schaprode, wird mit dem Schiff die nahe an Rügen westlich angrenzende Insel Hiddensee (18 Kilometer lang, meist schmaler als einen Kilometer) erreicht, die maximal 70 Meter hoch ist. Stille Natur, vier beschauliche kleine Orte, Steilküste und breite Sandstrände. Es war Gerhart Hauptmanns Insel - hierher kam er oft in sein Haus „Seedorn"- hier ist er, nachdem er aus seinem schlesischen „Wiesenstein" nach Kriegsende vertrieben wurde, begraben. Mit dem Dichter ist Hiddensee auch eine Insel der Kultur geworden.

Im östlichsten Küstenabschnitt des Landes zieht sich zwischen Greifswalder Bodden und Stettiner Haff die Insel Usedom hin. Ihre Hauptstadt (mit nur 2100 Einwohnern) trägt den gleichen Namen. Auch sie ist mit 445 qkm als zweitgrößte deutsche Ostseeinsel (Fehmarn nur 185 qkm!) mit rund 40 Kilometer langer Küste zum offenen Meer ein begehrtes Urlaubsziel. Allerdings zählen mit Swinemünde und seinem Umland 70 qkm zu Polen

Obwohl die meisten Inselbesucher Usedoms in erster Linie die zur Pommerschen Bucht blickenden namhaften Badeorte beachten, grenzt eine immerhin 164 km lange Binnenküste an das umfangreiche Achterwasser, an Stettiner Haff und Peene. An seiner schmalsten Stelle, zwischen den Ostseebädern Koserow und Zempin, ist Usedom nur 300 Meter breit: Ostsee und Achterwasser können sich beinahe die Hand reichen. Zum Glück hat sich ein Durchbruch wie bei der großen Sturmflut des Jahres 1872 nicht wiederholt. Vielerlei Schutzmaßnahmen sollen die Einheit der Insel für die Zukunft bewahren.

Badegäste kommen seit der Mitte des vorigen Jahrhunderts in die einstigen Fischerdörfer und folgten damit dem 1824 geschaffenen Vorbild von Swinemünde. Der Zugang zur Insel ist an zwei Stellen möglich: aus Richtung Anklam und von der Stadt Wolgast aus, wo die einstige Fährverbindung (im Anschluß an die Zuglinie aus Richtung Berlin) seit 1936 durch eine Brücke abgelöst wurde.

Von Wolgast über Zinnowitz läuft die sprichwörtliche Bäderstraße bis Ahlbeck. In der Hochsaison ist sie hoffnungslos überlastet, denn an ihr liegen so vielbesuchte traditionelle Badeorte wie Heringsdorf, Bansin und Koserow (mit der höchsten Inselhöhe, dem Streckelberg, 60 Meter über dem Meer). In entgegengesetzter Richtung, nordwestlich von Zinnowitz, wurde Peenemünde durch Wernher von Braun zum Zentrum der deutschen Raketenentwicklung (u. a. V 1 und 2). Zu den Vorzügen Usedoms gehört der parallel zum Strand und seinen Dünen laufende Waldstreifen. Erhebliche Inselteile stehen unter Landschafts- oder Naturschutz.

So bekannt Rügen, Hiddensee und Usedom sind, so wenig vertraut ist vielen Binnenländern die nordöstlich von Rostock verlaufende Halbinsel von Fischland und Darß. Sie schließt sich an die Rostocker Heide an. Weit später als auf den Inseln wurden hier die Strände entdeckt und aus den stillen Fischerdörfern so romantische Ferienorte wie Ahrenshoop oder Prerow. Dabei war auf dem Darß schon 1849 einer der ältesten Leuchttürme der deutschen Ostseeküste entstanden. Zu den Fischern und Bauern der einsamen, weithin unwegsamen Halbinsel von einst kamen nach der Sturmflut von 1872 die ersten Badegäste. Zuerst hatten Maler die Ostseeidylle entdeckt. Liest man heute ihre Schilderungen aus der Zeit um die Jahrhundertwende, so könnte man den Eindruck haben, sie wären in einen fernen Urwald vorgedrungen.

Als "Urwald auf deutschem Boden" im Umfang von 6000 Hektar blieb der Darß lange abseits der Touristenströme. Ribnitz-Damgarten, am Eingang zu Fischland und Darß, ist heute Sitz eines ausgezeichneten Bernstein-Museums. Der Weg zum Darß wurde 1910 durch den Bau einer (1945 stillgelegten) Bahnlinie von Barth nach Prerow erleichtert, nachdem bis dahin Prerow nur durch Schiffe erreichbar war. Ebenso gab es erst gegen Ende des ersten Weltkriegs elektrisches Licht. Bis gut befahrbare Straßen den Darß erschlossen, waren bereits die fünfziger Jahre angebrochen. Die Ursprünglichkeit der an der deutschen Ostsee einmaligen Landschaft wird heute durch einen „Nationalpark Vorpommersche Boddenlandschaft" geschützt.

Auch wenn viele Karten die kleine Insel Poel (36 qkm, ebenso groß wie die Nordseeinsel Borkum!) rundum von Wasser umgeben zeigen, so ist sie doch seit 1927 durch Damm und Brücke so eng mit dem Festland verbunden, daß der Inselcharakter erheblich geschmälert ist. Vom südlich gelegenen Wismar aus wird die „Insel" mit dem Hauptort Kirchdorf gern zum Baden besucht. An eine Festung des 17. Jahrhunderts erinnern nur noch ein paar begrünte Wälle.

Hier fing alles an...!

Erstaunliche Nachrichten kamen im Verlauf des 18. Jahrhunderts nach Deutschland. Auch der Arzt Christoph Wilhelm Hufeland, der zu seinen Patienten auch Goethe, Schiller und Herder zählte, war von der Heilkraft der Seebäder überzeugt. Das stellte er in einem Aufsatz so überzeugend dar, daß ein anderer Arzt die Probe aufs Exempel machen wollte. Das war der Rostocker Professor Dr. Vogel. Der war zugleich Leibarzt des mecklenburgischen Herzogs Friedrich Franz I. und verstand es, seinen herzoglichen

Patienten von der Nützlichkeit der Seebäder für die Gesundheit zu überzeugen.

Der Arzt selbst bereitete alles vor und wählte den Ort aus, den „heiligen Damm" bei Doberan. Hier probierte die Hofgesellschaft vor 200 Jahren zum ersten Mal ein Bad in der Ostsee aus. Um nicht gegen die Moral zu verstoßen, wurde über ein Meeresstück ein Zelt errichtet. Man konnte auch in einer Art Schuppen ein Wannenbad mit erwärmtem Wasser nehmen. Es muß dazumal eine kleine Sensation gewesen sein. Der unternehmungslustige Herzog zögerte nicht lange und gab die Bauten in Auftrag, die zum Kern eines künftigen Ostseebades gehören sollten. Vor dem Grün der küstennahen Buchenwälder errichtete sein Baumeister Carl Theodor Severin um 1815 das Kurhaus, das - nach Meinung des Kunsthistorikers Georg Dehio - „eine der besten Leistungen des norddeutschen Klassizismus" ist.

Aber was da auch alles im Lauf von Jahrzehnten in Heiligendamm gebaut wurde - von hier sprang der Funke bald auf andere Ostseeorte über. Zuerst nach Schleswig-Holstein, wo Travemünde 1802 die Nachfolge von Heiligendamm antrat. Dann folgten allmählich andere Seebäder. Dabei ließ sich nicht übersehen, daß die Natur andere Orte - beispielsweise Brunshaupten und Arendsee, die seit 1936 unter dem Namen "Kühlungsborn" vereinigt sind - mit schöneren, feinsandigeren Stränden ausgestattet hatte. Ostseebäder schossen in Mecklenburg und Vorpommern in der zweiten Hälfte des vorigen Jahrhunderts und insbesondere noch bis zum Ersten Weltkrieg wie Pilze aus dem Boden. Die einen früher, andere später. Fischerdörfer erkannten ihre Chance. Zum Glück ist Mecklenburg-Vorpommern bisher ohne die auf grüner Wiese künstlich angelegten Ostseebäder „aus der Retorte" geblieben. Es sei denn, man rechnet Bansin auf Usedom dazu, das vor einem Jahrhundert - 1897 - ohne zugehöriges Dorf als Bade-, Kur- und Erholungsort gegründet wurde.

Nicht leugnen läßt sich allerdings, daß Heiligendamm, der Ursprung aller Ostseebäder im Osten wie im Westen, nicht den Aufschwung erlebt hat, den seine Nachfolger erreichten. Der Grund ist verständlich. Auch wenn Heiligendamm landschaftlich und mit seiner berühmten Kastanienallee manchen Naturfreund entzückt: Sein Strand läßt erheblich zu wünschen übrig. Das Kurhaus von einst ist dank seiner malerischen Lage heute als „Kurhotel" beliebt. Zwei Restaurants erinnern hier mit ihren Namen an die architektonischen Schöpfer des ersten deutschen Ostseebades: Seydewitz und Severin.

In jedem Fall besitzt Mecklenburg mit den benachbarten Sehenswürdigkeiten von Heiligendamm und der Klosterkirche von Doberan das schönste Ensemble der deutschen Ostsee.

Unternehmungslustige Radfahrer willkommen

Die schlechte Nachricht zuerst: Während des Sommers sind die oft nicht allzu breiten Straßen zwischen den Seebädern, die einstweilen nur ausnahmsweise eigene Radwege aufweisen, infolge des lebhaften Verkehrs für den Radfahrer ein Alptraum. Die Durchgangsstraßen sollte man möglichst meiden. Der zügige Autoverkehr ist dort nicht nur gefährlich, auch die gute Ostseeluft leidet erheblich unter den Abgasen.

Als wir unsere Touren machten, wurde uns auf die Frage nach Radwegen nicht selten mitgeteilt, die gäbe es noch nicht. Kein Wunder: Andere Vorhaben haben Vorrang. Immerhin ist das Radwegenetz auch im anderen Ostseeland, Schleswig-Holstein, noch entwicklungsfähig und -bedürftig! Ohnehin sind Radwanderungen ja nicht auf die vorgefertigten Radwege angewiesen, sondern können auch über stillere Landstraßen oder entlegene Feldwege führen. Dabei fällt im ganzen Land auf, daß die für Schleswig-Holstein so typischen geteerten Feldwege des seinerzeit geförderten „Grünen Plans" fehlen. Hier sind Feldwege so staubig, steinig, schlaglöcherreich wie eh und je. Die Ausnahmen bestätigen die Regel.

Nicht eben genußreich für Radfahrer sind die Straßen, die mit Kopfsteinen gepflastert sind und auf denen schon der Autofahrer durchgeschüttelt wird. Manchmal fährt es sich - je nach Trockenheit - auf dem möglicherweise daneben vorhandenen „Sommerweg" besser. Hier und da sind Feldwege mit der doppelten Spur von Betonplatten befestigt. Das kommt dem bäuerlichen Verkehr ebenso zugute wie uns Radfahrern.

Angesichts dieser recht unterschiedlichen Wegstrecken lassen sich als dankbar begrüßte Ausnahme zwei Radweganlagen besonders genießen: Nachdem die Schienenstrecke zwischen Putbus und Altefähr auf Rügen seit geraumer Zeit stillgelegt ist, hat man aus dem weithin noch vorhandenen Unterbau, der quer durch die Landschaft führt, einen zügigen Radweg gemacht. Er wurde, gut markiert, 1993/94 fertiggestellt. Auch wenn er von den Badeorten ziemlich entfernt verläuft, läßt er sich doch mit dem „Rasenden Roland", der Kleinbahn zwischen Göhren und Putbus, die der Reihe nach die Badeorte passiert, erreichen. Allerdings bedeutet die Länge dieser Rad-Avenida von reichlich 33 Kilometern, daß hin und zurück eine ansehnliche Strecke zu bewältigen ist, zumal ja auch noch Besichtigungen einzuplanen sind. Der Vorzug dieses reinen Radwegs liegt nicht zuletzt darin, daß er durchweg abseits viel befahrener Straßen verläuft.

Das gilt ebenso auf Usedom von der Strecke, die zwischen Zinnowitz und Ahlbeck parallel zur Küste verläuft und in die wir nach Belieben von den einzelnen Badeorten aus „einrollen" können. Sie durchzieht dabei meist den hier vorhandenen Waldsaum und passiert bei Koserow den höchsten Inselgipfel, den Streckelberg, auf den wir mit kurzem Anstieg zu Fuß gelangen (siehe Tour 2, Seite 33). Den Gipfel des Komforts bedeutet es, daß ein Teil der Strecke sogar beleuchtet ist.

Ein besonderer Fahrgenuß verbindet sich mit den Touren, die uns auf oder an Deichen entlangführen, wie es ja auch von Schleswig-Holstein bekannt ist. Von der Deichhöhe öffnet sich gewöhnlich ein weiter Blick aufs Meer oder ins Binnenland. Zugleich müssen wir diesen Weg nicht mit dem Autoverkehr teilen. Allerdings sind nicht alle Deiche für Radfahrer freigegeben. Hier und da lohnt es sich dann abzusteigen und die Deichkrone mit ihrem Ausblick zu Fuß zu erklimmen.

Auf der Höhe des Bedarfs sind die Orte an der mecklenburgisch-vorpommerschen Ostsee mit dem Angebot an Fahrradvermietung. Allein die kleine Insel Hiddensee (mit dem Auto nicht erreichbar) weist ein halbes Dutzend Fahrradvermieter für die Erforschung der Insel auf. Auch wenn viele Autofahrer ihre Räder mitbringen, hat man in allen Orten entlang der Küste die Zeichen der Zeit erkannt. Alles in allem ist es in Mecklenburg-Vorpommern leichter, ein Rad zu mieten, als in Schleswig-Holstein. Angesichts dieses überall vorhandenen Angebots an Mieträdern haben wir keine Angaben dazu bei den einzelnen Orte gemacht. Wenn nicht schon der einzelne Vermieter auf sich aufmerksam macht, genügt eine Nachfrage bei der jeweiligen Kurverwaltung. Wer also nicht unbedingt seinen unübertrefflichen eigenen Drahtesel mit sich führen will, kann unbedenklich damit rechnen, am Ort ein Miet-Zweirad zu finden.

Eine Besonderheit stellt auch in Mecklenburg-Vorpommern das Bundesbahn-Angebot „Fahrrad am Bahnhof" dar. Wer mit der Bahn anreist, kann ein Rad ohne Gangschaltung für DM 6,—, eines mit drei Gängen für DM 8,—je Tag mieten. Für Nichtbenutzer der Bahn liegen die Kosten um DM 2,— höher. Das Rad muß gewöhnlich am gleichen Bahnhof wieder zurückgegeben werden, wo es gemietet wurde.

Die folgenden Bahnhöfen halten Mieträder bereit:

Festland: Greifswald, Tel. 03834/61 5 86; Stralsund, Tel. 03831/29 58 61; Wismar, Tel. 03841/32 82.

Rügen: Bergen, Tel. 03838/21 11 7; Binz Ost, Tel. 038393/27 64; Göhren, Tel. 036308/2 24; Putbus, Tel. 038301/4 56; Saßnitz, Tel. 038392/32 1 25.

Usedom: Heringsdorf , Tel. 038378/22 40.

Wer sichergehen will, am Bahnhof ein Fahrrad vorzufinden, tut gut daran, das mit einem Anruf vorher zu klären.

Usedom -
zehn Ostseebäder „auf einen Streich"

Beinahe dreißig Jahre mußten verstreichen, bevor das Beispiel von Heiligendamm in Mecklenburg-Vorpommern Nachahmung fand. Die Schleswig-Holsteiner, von denen Heiligendamm ja nicht allzu weit entfernt liegt, erwiesen sich als fixer. Travemünde, Haffkrug und Grömitz hatten ihren Badebetrieb bereits begonnen, bevor er auf Usedom seinen Anfang nahm. Aus heutigem, politisch geprägtem, Blickpunkt erscheint es beinahe absurd, daß ausgerechnet das inzwischen nicht mehr deutsche Swinemünde den Auftakt bildete: im Jahr 1821. Drei Jahre später folgte, wenn auch in bescheidenem Maße (erst 1872 wurde es richtig „Ernst") Heringsdorf. In der Mitte des Jahrhunderts, 1851 und 1852, standen auch Zinnowitz und Ahlbeck am Start. Die restlichen sechs ließen sich noch länger Zeit.
Strände gab es ja genug. Von nicht weniger als 202 Kilometern ist gelegentlich die Rede. Aber lassen Sie sich nicht irreführen. Da ist die Binnenküste zum Achterwasser und zu Peene und Swine wie zum Kleinen Haff mitgezählt. Richtigen, feinsandigen Strand zum Meer hin im Zug der Außenküste gibt es lediglich auf einer Länge von 42 km. Aber das ist ansehnlich genug! Bestimmen heute die namhaften Badeorte an der offenen Ostsee das Gesicht der Insel, so war es ursprünglich genau umgekehrt. Wer hätte schon die von Fischerei und Landwirtschaft bestimmten Dörfer, die teilweise schon im Mittelalter entstanden, ausgerechnet an das stürmische gefährliche Ostseeufer gelegt? Nein, die Dörfer lagen bewußt durchwegs am Ach-

terwasser. Erst als die Besucher von außerhalb kamen und ihre Quartiere so meeresnah wie möglich suchten, schoben sich die Dörfer aus dem Hinterland mit ihren für die Gäste bestimmten Häusern immer näher an die Strände heran. Zugleich wuchsen sie aus mehr oder minder bescheidenen Siedlungen auf stadtähnliche Einwohnerzahlen. Beispielsweise Heringsdorf von 113 Bewohnern des Jahres 1850 auf heute 4000. Um 5000 sogar bewegt sich die Zahl von Ahlbeck und Zinnowitz. Jedoch sind bisher - anders als in Schleswig-Holstein vor rund 25 Jahren - keine „Bettenburgen" neu errichtet worden. Allerdings gehen zwei der traditionellen Usedom-Bäder auf kommerzielle Initiativen zurück. Heringsdorfs ursprünglich bescheidener Badebetrieb erhielt 1872 durch die Gründung einer Aktiengesellschaft für das Seebad die entscheidenden Impulse. In der Folgezeit entstanden im Geist der Gründerjahre die stattlichen Hotel- und Privatbauten in Jugendstil oder Neo-Klassizismus, die noch heute dominieren. Sie verschafften dem Bad zeitweise den Beinamen eines „Nizza der Ostsee".

Heringsdorf war nicht der einzige Fall einer aus wirtschaftlicher Kalkulation gewachsenen Bädersiedlung. 25 Jahre nach Heringsdorf wurde im Zug einer konsequenten Erschließung Bansin zum Seebad ausgebaut. Aus dem mittelalterlichen Minidorf wuchs ab 1897 ein moderner Urlaubsort, der schon 1906 mehr als 5000 Badegäste zählte. Parallel zum feinsandigen Strand läuft über 5 Kilometer eine durchgehende Promenade bis Ahlbeck, das zum volkstümlichen Gegenstück der beiden Küstennachbarn geworden ist. Eine Pionierrolle spielte Bansin, als man dort im Jahr 1923 als erstes deutsches Seebad das Baden vom Strand aus - anstelle der bis dahin überall üblichen abgetrennten Badeanstalten - zuließ. Dieses Beispiel machte rasch Schule. Die einstigen Gegensätze zwischen den eher elitären Bädern Bansin und Heringsdorf und dem „Volksbad" Ahlbeck haben sich nicht zuletzt dadurch verwischt, daß Ahlbeck und Heringsdorf seit Anfang 1992 von einem gemeinsamen Zweckverband betrieben werden.

Vier Bäder bilden Schwerpunkte: Ahlbeck, Heringsdorf und Bansin im Süden, Zinnowitz nach Norden hin. Auf dem Weg von Zinnowitz zum Raketenstandort von einst, Peenemünde, liegen zwei waldumrahmte ehemalige Siedlungen von Heringsfischern namens Trassenheide (das bis 1908 den originellen Ortsnamen „Hammelstall" führte) und Karlshagen. Nach Süden hin geht Zinnowitz in das kleine Zempin über, dessen schier endloser breiter Strand am Waldsaum vorzugsweise Campinggästen zugute kommt. Hier, wie im folgenden Koserow, erinnern die einstigen Salzhütten der Fischer, auch wenn sie teilweise stark mitgenommen wirken, an die wichtige Rolle die früher das Salz beim Konservieren und Räuchern des frischen Fangs spielte.

Wer zwischen Zempin und Koserow unterwegs ist, passiert dabei Usedoms kritischen Punkt, an dem wenig mehr als 300 Meter die offene See vom Achterwasser trennen. Viel hätte in der Vergangenheit nicht gefehlt, daß die Insel unter der Gewalt von Sturmfluten auseinandergebrochen wäre. Wer denkt , wenn er im Meer das Vinetariff angezeigt sieht, nicht an die angeblich just hier versunkene Stadt Vineta. Freilich erheben auch andere Punkte an oder vor der Küste auf diesen sagenhaften Ruhm Anspruch.

Das schmale Mittelstück der Insel, wo vom Strand zum Achterwasser ein Katzensprung reicht, umfaßt die drei Badeorte Koserow, Kölpinsee und Ückeritz. Koserow mit seinem Strand unterhalb des Steilufers gilt dank des 56 Meter hohen Streckelbergs als das „gebirgigste" der Usedom-Bäder. Auf der Berghöhe hat der vergangene Krieg mit der Bunkerruine seine Spuren hinterlassen. Vor allem aber ist Koserow Standort der ältesten Kirche in Strandnähe, einem Bau aus dem 13. Jahrhundert aus Feld- und Backsteinen. Hier schrieb der Dorfpfarrer Karl Wilhelm Meinhold sein noch heute gern gelesenes Buch über die „Bernsteinhexe". Vielleicht nehmen Sie's mal zur Hand! Ohnehin ist diese Inselmitte auch ein kultureller Mittelpunkt. In den dreißiger Jahren bildete sich in Überitz und Koserow eine kleine Künstlerkolonie von Malern, die sich in die Landschaft und ihre Atmosphäre verliebt hatten. Allen voran der Holsteiner Otto Niemeyer, dessen Werk aus 50 Jahren Inselleben im Ortsteil Lüttenort zu besichtigen ist. Kölpinsee - am gleichnamigen Binnensee und doch ostseenah - entstand Ende des vorigen Jahrhunderts als ruhige Villenkolonie und hat heute seinen Schwerpunkt in den Appartements der IFA-Hotelgesellschaft. Loddin, die für Ückeritz und Kölpinsee zuständige Gemeinde, hat etwas vom Geist der ursprünglichen Fischerorte am Achterwasser bewahrt.

Am beinahe äußersten südwestlichen Zipfel der Insel, zwei Dutzend Kilometer vom nächsten Ostseebad entfernt, liegt die kleine Stadt, die Usedom den Namen gab. Sie zeigt sich mit ihren lediglich 2100 Einwohnern als pommersche Kleinstadt mit behäbigem Charme, gegenüber den lebendigen, betriebsamen Seebädern ein wenig „hinterm Mond", auch wenn die zweite der Brücken zwischen Festland und Insel die Verbindung nach Anklam für Autofahrer ermöglicht. Wer sich für die Eisenbahn entscheidet, erreicht die Insel ausschließlich über Wolgast und kann mit dem Drehpunkt Zinnowitz entweder Peenemünde oder - im Zug der Bäderkette - ein Seebad nach dem anderen bis zum Endpunkt Ahlbeck abhaken. Rechnen Sie für die geruhsame Fahrt zwischen Zinnowitz und Ahlbeck rund 50 Minuten, in denen Sie 30 Kilometer bewältigen. Das ist immerhin erheblich schneller als Rügens "Rasender Roland" (s. Seite 56)!

Endlich wieder Seebrücken

Seebrücken haben den Badeorten Usedoms schon lange Profil verliehen. Sie entstanden noch im vorigen Jahrhundert, als die Urlauber weitgehend auf die Anreise mit dem Schiff angewiesen waren. Es dauerte immerhin bis 1894, ehe Heringsdorf (von Swinemünde aus) durch die Bahn erreicht werden konnte. Die Orte in nordwestlicher Richtung mußten noch rund ein Dutzend Jahre auf ihren Bahnanschluß warten. So erfüllten die Seebrücken ein echtes touristisches Bedürfnis.

Allerdings war die Lebensdauer der Holzbauwerke begrenzt. Stürme und Eisgang spielten ihnen übel mit. Ihre Instandsetzung war mit erheblichen Kosten verbunden. Typisch ist die Entwicklung für eine der traditionsreichsten Seniorinnen: Ahlbecks Seebrücke hat inzwischen weit über ein Jahrhundert hinter sich. Der 1898 eingeweihte Bau war bereits der zweite. Er erhielt ein paar Jahre danach ein Restaurant. Schwere Schäden erlitt der Seesteg durch den Eisgang von 1940/41. Auch in den Jahren nach 1970 und um 1985 waren erhebliche Ausbesserungen notwendig, denen 1993 ein weiterer Ausbau folgte. Immerhin stellt sie - gemeinsam mit der seit 1911 an Land errichteten Uhr - die einzige noch erhaltene der alten Seebrücken dar, ein „Hauptanziehungspunkt des Seebades" (Egon Richter).

Verständlicherweise bemühten sich ab 1990 die Seebäder, die ihre Seebrücke verloren hatten, um einen Ersatz. So haben wenigstens die größeren Bäder nach 1992 wieder damit begonnen, moderne, widerstandsfähige Seebrücken ins Wasser hinaus zu bauen.

Weithin geschützte Natur

Mit Kassandrarufen und - sicher gut gemeinten - Warnungen begann es 1989/90. Der Wiederaufbau der über Jahrzehnte vernachlässigten Ferienregion, die jetzt mit einem Ansturm von Gästen rechnen könnte, dürfe nicht auf Kosten der Natur erfolgen. Fehler, die - möglicherweise - in den expansiven siebziger Jahren in Schleswig-Holstein gemacht wurden, sollten sich nicht wiederholen.

So ist es erfreulich, daß von den 445 qkm Usedoms 3300 Hektar (davon zwei Drittel Wasserflächen) unter Naturschutz stehen, die sich auf 11 Gebiete verteilen. Weitere 11 Landschaften wurden in den Landschaftsschutz genommen. Das Wolgaster „Amt für Naturschutz und Landschaftspflege" hat selbst festgestellt, daß „unter den Bedingungen der intensiv betriebenen Land- und Forstwirtschaft die Vielfalt und Schönheit der Naturausstattung auf der Insel Usedom... weitgehend erhalten geblieben ist."

Größtes der Naturschutzgebiete ist der Peenemünder Haken, mit dem Inselchen Ruden und der Halbinsel Struck. Hier sind viele Wasservogelarten heimisch. Beinahe versöhnlich wirkt es, daß dieses Naturrevier in der Nachbarschaft des vom Krieg gezeichneten Peenemünde liegt. Von den Seen, die vor allem im südlichen Teil Usedoms die Binnenlandschaft beleben, gilt der Naturschutz für den Wokninsee bei Ückeritz, den Mümmelkensee, ein Hochmoor mit Weiher bei Bansin, und den 500 Hektar großen Gothensee westlich von Ahlbeck. Bei einer Tiefe von nur 1,5 Metern geht er in seiner Umgebung in Moor über. Für den Schutz der Fischottern ist der Gothensee von grundlegender Wichtigkeit.

Auf Ihrer Fahrt über die Insel begegnet Ihnen eine Vegetation, die viele abwechslungsreiche Akzente aufweist: Krummins Lindenallee, die Glockenheide von Trassenheide, die Orchideenwiesen bei Ahlbeck, an Kölpin- und Schloonsee. Es versteht sich von selbst, daß der Radfahrer, der entlegene Winkel der Insel erreicht, die Natur schonend behandelt. Nicht ein unpersönlicher Tourismus kann der Landschaft gefährlich werden, sondern nur der Mensch, der sich seiner Grenzen nicht bewußt ist.

Sellins Seebrücke unterhalb des Steilstrands

1

Besuch in Usedoms Inselhauptstadt

Diese nicht ganz kurze Tour können Sie nach Belieben von einem der drei großen Seebäder - Ahlbeck, Heringsdorf, Bansin - aus unternehmen. Wir schlagen Ihnen in unserer Wegbeschreibung Ahlbeck als Ausgangspunkt vor. Wenn Sie aber von Ahlbeck aus eine kürzere Radwanderung vorziehen und auf den Stadtbesuch in Usedom verzichten, dann wird der Gothensee Sie nicht enttäuschen.

Ob Sie nun als Urlauber in Ahlbeck sind oder mit Zug oder Auto hier ankommen - Ihr Startpunkt ist Ahlbecks Bahnhof, den Sie - als Kopfstation - im Verlauf der B 111 nahe dem Ende des Badeorts erreichen.

Vom Bahnhof aus wenden wir uns zunächst, parallel zu den Gleisen, 300 m nach rechts und biegen dann rechts über die Bahnstrecke. Der Weg führt stark ansteigend in den Wald und ist als "Wanderweg zum Zirchowberg" ausgeschildert. Sobald wir nach 800 Metern die Höhe erreicht haben, halten wir uns rechts, passieren eine doppelte Schranke und überrollen noch einmal ein Bahngleis - das der stillgelegten Stecke in Richtung Usedom. Im Wald radeln wir zunächst auf einem begrasten, dann geschotterten Weg im Linksbogen unter hohem Mischwald auf das von der Höhe 1,5 Kilometer entfernte Dorf Korswandt zu.

> **Info**
>
> Früher war das von Bauern und Handwerkern bewohnte Dorf **Korswand** am Wolgastsee beliebtes Ziel einer Waldwanderung von Swinemünde aus, das hier keine 5 Kilometer entfernt ist. Ein auf 53 Meter ansteigendes Mischwaldgebiet auf der polnischen Seite reicht wie ein ausgestreckter Finger bis dicht ans Ostufer des Wolgastsees. Ausflüge in Richtung Swinemünde bzw. nach Polen sind erfreulicherweise heute wieder möglich, auch wenn wir sie nicht in unsere Touren aufgenommen haben.

Vom Waldrand führt uns ein Querweg links ans Seeufer und rechts auf dem Radweg weiter. Wenn der See endet, biegen wir vor dem Hotel Pirol rechts über die Straße und folgen dem Radweg durch Korswandt, bis wir, am Waldrand entlang, nach einem Kilometer am Campingplatz sind. Geradeaus weiter erreichen wir das Dörfchen Ulrichshorst. Hier folgen wir nach 300 Metern rechts der Dorfstraße und freuen uns an der Reihe der Häuschen, die teilweise Reetdächer (Rohr sagt man hierzulande) aufweisen. Sobald Ulrichshorst zu Ende geht, müssen wir uns entscheiden.

> **Tip**
>
> Vom überdachten Picknickplatz halten Sie sich, wenn Sie nur eine kürzere, etwa 20 Kilometer lange Tour vorhaben, geradeaus zum Waldrand und im Landschaftsschutzgebiet des Gothensees zum 3,5 Kilometer entfernten Reetzow. Rechts durch den Ort und im

Das also war die Kurzstrecke. Wir haben jedoch noch viel mehr vor! Dazu biegen wir am Picknickplatz links auf den Weg mit der zweispurigen Betonbahn. Parallel zum Graben durchqueren wir die Landschaft des Thurbruchs und erblicken schon bald auf der knapp 3 Kilometer langen Fahrt den Backsteinkirchturm von Zirchow. Zur erhöht gelegenen Kirche kommen wir von der Wiesenstraße rechts zur Hauptstraße und gegenüber dem „Inselkrug" zur Kirche mit Feldsteinsockel und hölzernem Glockenturm.

Nachdem wir weiter der Hauptstraße folgen, halten wir uns am Ortsende nach 500 Metern an der Gabelung mit Feuerwehrhaus links. Der Wegweiser in Richtung der schönen Lindenallee verheißt Erstaunliches: Zum „Flughafen" Heringsdorf geht es hier, zuerst am Friedhof entlang und nach 500 Metern an der Gabelung links aufwärts, bis wir das Fluggelände erreicht haben.

Wir kehren jetzt um und biegen in der Rechtskurve nach einem Kilometer links ab in Richtung Neverow. Die schmale Teerstraße abwärts wird mit jungen Bäumen zur Allee ausgebaut. Vor dem Kiefernwald wartet ein überdachter Picknickplatz auf Imbißbedürftige. Wir passieren durch Felder Neverow und einen Kilometer weiter Bosin, wobei uns linker Hand das Oderhaff begleitet. Die einsame Teerstraße geht in einen breiten Feldweg über. Der Blick übers Haff tritt zurück, während wir uns Dargen nähern, wobei noch ein Picknickplatz sich anbietet. In der einsamen Feldmark lassen sich Fischreiher, Möwen oder Weihen beobachten. In Dargen kommen wir auf dem Weg in den Ort an einem Reit- und Dressurplatz vorbei. Auf einem Rohrdach fehlt das Storchennest nicht. Die Eiche wurde erst in letzter Zeit gepflanzt, nach der sich der moderne Gasthaus-Neubau bodenständig „to 'n Eikbom" nennt.

Wir wenden uns in Dargen erst links, dann geradeaus in Richtung Prätnow, das wir auf gut befahrbarer, doppelspuriger Betonbahn, an alten Pappeln entlang, nach einem reichlichen Kilometer erreicht haben. Auch jetzt bleibt uns der Ausblick aufs Haff treu. Der Schotterweg durchs Dorf wird am Ortsende durch eine zweispurige Fahrbahn abgelöst, die danach unter der

Stromleitung hindurch zum Feldweg wird. Nach 2 Kilometern sind wir an einer Gabelung.

Tip Wir können entweder geradeaus bleiben oder aber nach links den reizvollen Abstecher durch das Dorf Gummlin machen.

Hier teilt sich der Weg erneut. Links abwärts stoßen wir aufs Haff, wo der Angelverein einen reizenden kleinen Hafen angelegt hat. Auch den Picknickplatz haben die Angler nicht vergessen. Leider endet die lockende zweigleisige Betonbahn nach 700 Metern. Wenn wir das Wehr und einen Geo-

The map shows an area of Usedom island with various places.

dätischen Fixpunkt passiert haben, stehen wir an einer Wiese. Der feste Weg ist beendet. Wenn es nicht zu naß ist, können wir es durchaus wagen, der Spur quer über die Wiese zu folgen und parallel zur Stromleitung das Dorf Stolpe zu erreichen. Auch von hier führt ein Abzweig unmittelbar ans Haffufer mit einem Bootsanleger.

Tip Wem der Pfad über die Wiese zu riskant ist, der kehrt vom Anglerhafen nach Gummlin zurück und biegt am Platz mit Ahorn und Bank auf die doppelspurige Betonbahn. Sie steigt sanft aufwärts, mit einem Picknickplatz auf der Höhe und schönem Haffblick und abwärts bis Stolpe. Diese Strecke ist natürlich bequemer.

27

In Stolpe radeln wir über Kopfsteinpflaster auf die Kirche zu, nehmen unseren Weg zwischen dem Dorfteich und dem einstigen Herrenhaus und verlassen das Dorf über eine Teerstraße. Der in der abwechslungsreichen Landschaft bald folgende Wald gehört schon zu Usedoms Stadtforst. Unmittelbar am Waldrand zweigt links die Strecke nach Welzin ab. Wir fahren jedoch rechts in den Wald hinein. Bevor wir nach 2 Kilometern Waldstrecke auf die B 110 stoßen, bemerken wir noch eine Barackensiedlung und den Friedhof. Usedom wird links mit seinem Kirchturm sichtbar. Die Bundesstraße, in die wir nach links einbiegen, ist von einem Radweg flankiert. Durch die Bäderstraße und die Swinemünder Straße ereichen wir mit dem Markt Stadtmitte und Kirche.

Wer fotografiert, findet in **Usedom** mit **Kirche** und dem **Anklamer Torturm** von 1450 schöne Motive. Aber auch ein kleiner Stadtbummel, zu Rad oder zu Fuß, mit pommerschem Kleinstadtmilieu macht Spaß. Wenn wir Glück haben, ist der Verkaufsstand zur Stelle, der leckere gegrillte Hähnchen preiswert anbietet.

Jetzt liegt es an Ihnen, ob Sie sich noch - hin und zurück - 12 Kilometer aufbürden wollen. Damit können Sie nämlich die (nicht allzu eindrucksvolle) Brücke erreichen, über die die B 110 die Verbindung mit dem Festland herstellt. Es ist die **Zecheriner Klappbrücke**. „Usedomer Winkel" heißt dieser Inselvorsprung zur Peene. Von ihm ging auch - was beinahe schon vergessen ist - die Eisenbahnbrücke aus, die einige Jahrzehnte als Karniner Hubbrücke Usedom ans Festland anschloß. Von Wolgast nämlich verkehrte bis in die dreißiger Jahre statt einer Brücke die auch für eine Bahnverbindung wichtige „Wolgaster Fähre".

Von Usedom aus machen wir uns auf die Rückfahrt, zunächst auf der vom Herweg bekannten Strecke der B 110. Von der Stadtmitte aus durch die Stolper Straße biegen wir nach 1500 Metern vor dem Wald rechts ab. Nur 100 Meter weiter halten wir uns links und folgen dem Weg, der parallel zur B 110 verläuft. Nach 2 Kilometern im Wald orientieren wir uns links zur Bundesstraße und auf ihr 100 Meter nach rechts. Von ihr biegen wir links mit der Richtung Rankwitz ab und rollen zunächst noch durch den Wald des Usedomer Stadtforsts. Wenn wir nach 1,5 Kilometern den Waldrand erreicht haben, öffnet sich ein weiter Ausblick über die Felder bis hin zum westlich verlaufenden Peenestrom. Kurz darauf sind wir in Suckow, das auf seine mächtige Eiche stolz ist.

Hier beginnt eine Insellandschaft, die den Namen "**Lieper Winkel**" trägt und in die nur Landschafts- und Kunstliebhaber vordringen - etwas für Kenner! Aber auch hier lassen wir Ihnen die Wahl frei. Entweder nehmen Sie den Lieper Winkel mit. Oder Sie halten sich an der Gabelung von Suckow rechts mit Kurs auf die reizvolle Kirche von Morgenitz, die wir allerdings auch beim Umweg über Liepe anlaufen werden.

Über Krienke und die folgende schöne Kastanienallee müssen wir etwas ansteigen. Hohe Eschen begleiten unseren Weg, bis wir nach einem Waldstück Rankwitz erreicht haben. Bei der Durchfahrt sind wir unmittelbar am Peenestrom. Nun trennen uns nur noch 3 Kilometer von dem Dorf, das diesem Inselstück den Namen gegeben hat: Liepe.

Die Halbinsel **Liepe** ist vom Peenestrom im Westen, vom Achterwasser im Osten umspült. Sie soll - dafür kann ich mich nicht verbürgen - die älteste Kirche Usedoms besitzen. Allerdings tippt Dehios Kunsthandbuch eher aufs 16. Jahrhundert für die turmlose **Feld-/Backsteinkirche.** Dem widersprechen freilich die etwas verschwommenen gotischen Wandmalereien des Chors.

Bestimmt neueren Datums sind - neben dem rohrgedeckten Glockenbock mit zwei Glocken - die modernen Kunstwerke vor der Kirche: ein Zahnrad und eine kleine Baumkrone, die einen Stein umschließt. Was mögen sie bedeuten?!

Wir könnten jetzt die Fahrstraße, auf der wir gekommen sind, für den Rückweg bis Krienke benützen.

Mehr Abwechslung bedeutet es, wenn wir nur bis zum Dorfende von Liepe zurückfahren und links in den zweispurigen Betonweg biegen, der sich durch Wiesen und Felder in Richtung aufs Achterwasser windet. Die Stromleitung läuft parallel. Nach 1,5 Kilometern radeln wir an einer Schleusenanlage vorbei. An der folgenden Gabelung rechts nehmen wir den neuen Feldweg, der bald im Rechtsbogen verläuft. Lassen Sie sich nicht links in die Sackgasse locken, die zu einer früheren, jetzt zerstörten Fischzucht führte. 500 Meter weiter sind wir am Waldrand, rollen durch ein Waldstück und stoßen am Waldrand auf einen wirklich prächtigen Kinderspielplatz. Er gehört bereits zu Rankwitz, durch das wir hindurchradeln, um dann auf bekannter Strecke südöstlich das 2 Kilometer entfernte Krienke zu erreichen.

Hier biegen wir am Ortsende links nach Morgenitz ab, danach rechts auf gepflasterter Straße und durch ein wenig Wald, bis Morgenitz beginnt.

Das kleine **Gotteshaus** aus Backstein in **Morgenitz** ist turmlos, erhielt aber kürzlich einen Glockenbock für zwei Glocken. Sehenswert aber ist die Kirche des 16. Jahrhunderts mit schlichter barocker Ausstattung durch eine ansehnliche Sammlung sogenannter "Trogmühlen". Das sind rund ausgehöhlte Steine, in denen mit einer Steinkugel einst gemahlen wurde. Die Trogmühlen sind rings um die Kirche angeordnet. In der Nähe bietet eine Keramikerin „Morgenitz-Keramik" an, die hübsche figürliche Muster besitzt. (Leider nur zwischen 13 und 18 Uhr zum Kauf geöffnet).

Vorbei an einer mächtigen Linde fahren wir aus dem Dorf zum Wald in östlicher Richtung und dann nördlich bis Mellenthin.

Während außerhalb von **Mellenthin**, östlich der Fahrstraße, mit der sogenannten "Schwedenschanze" eine alte slawische Höhenburg mit einem Ringwall des 8. Jahrhunderts von 250 Metern Durchmesser aufzuspüren ist, weist das Dorf mit Schloß und Kirche gleich zwei sehenswerte Bauten auf. Wir fahren zu ihnen an der mächtigen Eiche links ins Dorf. Ein Scheunendach links ist mit einem Storchennest besetzt.

Das einstige **Schloß**, wohl mehr ein Herrenhaus, stammt aus dem 16. Jahrhundert und ist heute mit Wohnungen bestückt. Vor allem aber kann die Burgschänke (ab 12 Uhr) besucht werden. Ein wenig gepflegter könnte es im Schloßbereich eigentlich aussehen. Auch an der **Dorfkirche**, einem spätgotischen Backsteinbau des 14. Jahrhunderts, hat der Zahn der Zeit erheblich genagt. Am eindrucksvollsten: die alte Kirchhofsmauer. Wenn die Kirche erst einmal wieder instandgesetzt ist (was mit Dächern und Turm begonnen hat), könnte sie ein kleines Schmuckstück sein. Innen gibt es, falls geöffnet ist, alte Gewölbemalereien und eine barock bemalte Westempore.

Von Mellenthin nehmen wir nicht die in der Saison lebhafte Hauptfahrstraße nach Neppermin, sondern rollen links an der Höhenburg vorüber, an der Querstraße rechts und durch ein Waldstück nach Balm.

Ausgesprochene Naturliebhaber könnten hier die Gelegenheit wahrnehmen, von der Querstraße durch den Ort nach links zu fahren und damit das **Naturschutzgebiet von Cosim** mit seiner reichen Vogelwelt kennenzulernen.

Sonst aber nehmen wir die Querstraße nach rechts und rollen auf ihr abwärts zum knapp 2 Kilometer entfernten Neppermin. Hier und auf der folgenden Strecke blicken wir auf die anmutige Bucht des Achterwassers, das hier den sogenannten Nepperminer See bildet.

Von Neppermin gehen zwei Straßen aus, die beide für uns in Frage kommen.

Wer bereits erschöpft ist, hält sich in östlicher Richtung direkt nach Benz.

Aber das erreichen wir ebenso mit rund sechs zusätzlichen Fahrkilometern, indem wir erst noch Pudagla anlaufen. Dazu fahren wir (von Balm aus links halten!) nördlich in Richtung auf die B 111 und passieren dabei zwischen Achterwasser und Schmollensee eine stattliche Kiesgrube sowie die Überbleibsel einer Mühle.

Der Ort mit dem so gar nicht pommersch klingenden Namen **"Pudagla"** (er ist natürlich slawisch) war im Mittelalter ab 1156 Sitz eines Klosters der Prämonstratenser, das 400 Jahre später von den Herzögen von Stettin zu einem **Schloß** umgebaut wurde. Das Wappen über dem Hauptportal erinnert bis heute an die einstigen Stettiner Herren, auch wenn hier inzwischen Wohnungen und ein Schloßkrug eingerichtet wurden. Der Schloßkrug offeriert an sommerlichen Freitagen und Wochenenden ein Krebsessen mit Lachs, Kaviar und Eiern zum stolzen Preis von 70 Mark. Da geht es also auch heute „herrschaftlich" zu.

Von Pudagla müssen wir zunächst ein Stück auf der gleichen Strecke zurückfahren, biegen aber, einen Kilometer vom Schloß entfernt, links ab zum Schmollensee. Der entstand nach der Eiszeit aus einer früheren Meeresbucht. An ihm und dem bewaldeten 38 m hohen Richtberg entlang erreichen wir das Dörfchen Stoben. Von einem hübschen Fachwerkhaus geht es sanft nach links abwärts nach Benz.

Usedoms "Hauptstadt" mit Stadtkirche und Anklamer Tor

Benz gehört zu den ältesten Orten im Ostteil der Insel und besitzt eine sehr ansprechende frühgotische **Feldsteinkirche**. Sie hat freilich allerlei Veränderungen erlebt, zu denen u. a. die Turmhaube von 1740 gehört. Das Kircheninnere ist erst kürzlich liebevoll ausgemalt worden. Besonderheit in Benz: ein „Kinderferienhotel"! Die **Holländerwindmühle** stammt aus dem Jahr 1863.

Von Benz führt unser Weg in den Bereich des Gothensees, einem Gegenstück zum Schmollensee, nach Sallenthin.

Der 500 Hektar umfassende **Gothensee** steht unter Naturschutz - Enten und Graugänse leben hier, aber auch Fischottern.

Um die Fahrstraße zu vermeiden, biegen wir 2 Kilometer hinter der Kirche an einer Feldwegkreuzung vor hohen Birken links in den Wald. An der Gabelung rechts und geradeaus durch den Wald, bis wir die Kreuzung am Südwestende des Kleinen Krebssees erreicht haben. Rechts abwärts kommen wir nach Neu Sallenthin und halten uns - mit Ausblick auf den Großen Krebssee - links. Bansin liegt vor uns. Im Dorf überqueren wir die Bahnstrecke und können nun entweder von hier zurückfahren oder durch die Seestraße bis zum Strand radeln und rechts durch Heringsdorf nach Ahlbeck zurückkehren.

Nach reichlich 4 Kilometern orientieren wir uns zum Bahnhof, und zwar über Dünenstraße, Schulzenstraße zur Bahnhofstraße und mit ihr zum dorthin.

Toureninfos

 Insgesamt mit Abstechern reichlich 70 km; Kurztour: 20 km; Abstecher Lieper Winkel 12 km.

 Bahnhof Ahlbeck.

 Die Tour ermöglicht verschiedene Varianten. Auch wenn die Landschaft weithin flach ist, muß hier und da mit Steigungen gerechnet werden.

 Zu den vielerlei Angeboten im Bereich der Seebäder kommen u. a. Korswandt: „Hotel Pirol", Zirchow: „Inselkrug", Dargen: „to 'n Eikbom" (Terrasse), Usedom: mehrere, Mellenthin: „Burgschänke",, Alt-Sallenthin: Café „Am Gothensee" (Terrasse).

 Ostsee, Kleines Haff, Achterwasser.

2

Unterwegs zwischen
Ostsee und Achterwasser

Info

Wer möglicherweise vor 50 Jahren einmal in **Koserow** war, wird manches so vorfin-
den, wie er es kannte. Das „Juwel der Ostsee", wie es sich ein wenig unbescheiden
nennt, hat sein Gesicht nicht gewaltsam modernisiert, sondern ist bodenständig gemütlich geblieben. Von der Höhe des einst beliebten Strandhotels läßt sich alles gut überblicken: der weite Strand unterhalb des Streckelbergs, den eine Kette von weit hinaus-
reichenden Buhnen vor dem hier besonders kräftigen Wellenschlag schützt. Vielleicht
wird eines Tages hier ein wieder erstandenes Strandhotel oberhalb der 1993 fertigge-
stellten Seebrücke eine neue Zeit einleiten.

Wir sind hier - ein Blick auf die Karte beweist es - in der Inselmitte. Nach Südosten
fünf, nach Nordwesten vier Seebäder, sozusagen die Fassung für das „Juwel", das zu-
dem den Ruf hat, Usedom literarisch ins Gespräch zu bringen. Der südwestlich von Koserow in Netzelkow geborene Karl Wilhelm Meinhold (1797 - 1844) hat als Krumminer
und Koserower Pastor seine Phantasie um Koserow schweifen lassen, als er 1843 den
Roman „Maria Schweidler, die Bernsteinhexe" schrieb. Die Schilderung der Hexenpro-
zesse des 17. Jahrhunderts auf Usedom machte den Roman zum erfolgreichsten seiner
Zeit in ganz Pommern. Was Meinhold an den Schicksalen einer Pfarrerstochter lebendig
schilderte, hielt sogar noch Heinrich Heine (neben manchen anderen) für eine echte
Chronik.

Immerhin half der lebensecht erfundene Roman mit, daß ab 1846 die ersten Gäste in
das bettelarme Dorf kamen. Daraufhin gingen ein Gastwirt und der örtliche Lehrer daran, mit einer Badeanstalt und der Aufmöbelung des bescheidenen Dorfkrugs zum
„Gasthof zur Stadt Vineta" aus dem Fischerdorf ein Ostseebad zu machen. Das dauerte
freilich seine Zeit. Von den Salzhütten am Strand bis zum gastlich aufgeputzten Forsthaus Damerow - zwischen Ostsee und Achterwasser unter einem heimeligen Rohrdach
 - kann sich Koserow mit seinen 1750 Einwohnern gegen die großen Bäder ganz gut behaupten.

Hier also beginnen wir unsere Radtour, wobei der Bahnhof, unweit der
B 111, den Ausgangspunkt bildet. Über die Bundesstraße radeln wir 1,5 Kilometer durch die Bahnhofstraße, dann über die links abzweigende Hauptstraße bis zu den Salzhütten am Strand. Vor ihnen wenden wir uns rechts
zum Wald und lassen uns von Promenade und Wanderweg parallel zum
tiefer liegenden Strand bis zum Streckelberg leiten. Nun lassen wir das Rad
stehen und stapfen durch den Sand auf die Höhe, wo ein querliegender
Betonbunker von den Anstrengungen kündet, dieses lästige Zeugnis eines
unheilvollen Krieges zu beseitigen.
Halten wir uns also lieber an den weiten Ostseeausblick, den Usedoms
„Gipfel" ermöglicht.

Weit draußen im Meer - 4 Kilometer vor der Küste - verrät die schäumende Brandung, daß die Wellen auf ein Hindernis stoßen: es ist das mit der Sage verbundene **Vinetariff**, eine Erhebung von Granitblöcken. Freilich zweifeln die Fachleute erheblich daran, daß hier die allzu übermütige und selbstzufriedene Stadt Vineta gelegen haben soll. Das ändert aber nichts daran, daß Koserows Kirche ein „Vineta-Kreuz" besitzt und daß am Anfang von Koserows Ostseebad-Karriere ein noch heute beliebtes Lokal „Vineta" stand. Auch die Vinetastraße quer durch den ganzen Ort fehlt nicht. Wenn das kein Beweis ist...!?

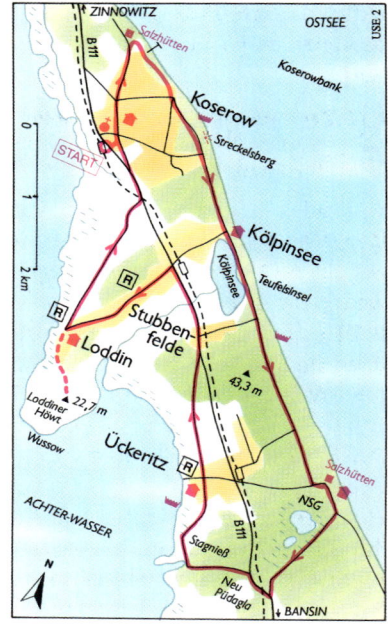

Ohne uns für oder gegen Vineta zu entscheiden, fahren wir an der Freilichtbühne und kurz danach am Krankenhaus (mit Apotheke) vorbei. Die schöne Laubwaldstrecke führt uns geradlinig nach Kölpinsee.

Das ist das kleinste der Usedombäder und erhält seinen Reiz durch den See dieses Namens, der sich auftut, sobald wir den Wald verlassen. Dank der mit der Betontreppe abwärts verbundenen Rinnen können wir unser Rad bequem nach unten schieben.

Seit 1993 hat die IFA Hotelgesellschaft in **Kölpinsee** eine aus DDR-Zeiten stammende Anlage als Ferienhotel „Kölpinshöh" in Betrieb. Natürlich machen wir zuerst noch einen Abstecher zum Strand, an dem auch einige Fischer tätig sind. Der Blick auf das IFA-Hotel, das erhöht liegt und über Treppen erreichbar ist, verspricht angenehmen Urlaub.

Wir bleiben auf unserer Strecke, indem wir über die Fahrstraße dem gepflasterten Radweg am See entlang folgen. Vielleicht entdecken wir dabei etwas von den Fischen (beispielsweise Hechte), die ihn bevölkern. Nach Passieren der sogenannten "Teufelsinsel" haben wir nach einem Kilometer das Ende des Kölpinsees erreicht und müssen uns weiter geradeaus halten, (nicht etwa nach Stubbenfelde abbiegen). Dabei bleiben wir im Wald, zur Steilküste aufsteigend, bis wir am Rand von Ückeritz ankommen, das sich zuerst mit dem links an unserem Weg liegenden Sanatorium der BfA zeigt.

Neben viel Natur besitzt **Ückeritz** ein paar Salzhütten, Kioske und die obligate Strandstraße. Sein hundertjähriges Bestehen als Ostseebad konnte es 1993 feiere. Hier zieht sich ein nicht weniger als vier Kilometer langer, meeresnaher Campingplatz mit nahezu 1000 Stellplätzen hin - ein wahres Paradies für naturnahen Urlaub.

Durch die Schranke, die den Campingplatz mit seinem Kiefernwaldstreifen begrenzt, fahren wir etwa 500 Meter, bis ein Schild zum Lehrpfad Wokninsee weist.

Info

Der im Buchenwald liegende **Wokninsee** gehört zu den alten Strandseen, die sich als Folge einer früheren Sturmflut gebildet haben. Moor und Verlandung lassen hier seltene Pflanzen gedeihen.

Wir radeln an einer Schranke vorbei und östlich am Naturschutzgebiet entlang. Wenn wir nach einem reichlichen Kilometer durch das Sumpfgebiet auf einen Querweg stoßen, biegen wir links ab und erreichen 250 Meter weiter die Bundesstraße. Damit verlassen wir den Wald. Am Rand der B 111 rechts, gleich anschließend über die Bahn und 250 Meter weiter links über die Straße. Hier achten wir darauf, daß wir nicht den (ausgeschilderten) Weg zum Forstamt nehmen, sondern die anschließend folgende geteerte Straße nach Stangnieß. Leicht gewunden rollen wir im Buchenwald abwärts durch ein Tor bis zum Hafen, den wir nach einem Kilometer erreicht haben.

Hier überqueren wir nahe dem Achterwasser den Parkplatz und verlassen ihn durch ein weiteres Tor. Der Weg führt uns auf und ab durch Felder. Nach 800 Metern stoßen wir auf einen Querweg mit einer Bank, der uns links zügig bis zum Ortsrand von Ückeritz (1000 Einwohner) leitet. Damit sind wir in dem Fischerdorf, dessen Strandgebiet wir schon erlebt haben. Wir folgen der Fischerstraße mit ihren hübschen Rohrdachhäusern.

Tip

An der nach 200 Meter querlaufenden Hauptstraße machen wir einen kurzen Abstecher nach links zum kleinen Hafen am Achterwasser. Ein Café und Bänke laden zur Rast ein. Der Ausblick ist es wert.

Alte "Salzhütten" nahe Koserows Strand

Dann radeln wir zurück und halten uns gegenüber der Fischerstraße schräg rechts in die Mühlenstraße. Am Ortsende stoßen wir auf einen Feldweg, mit dem wir die Stromleitung unterqueren. Wir passieren die Betonbahn, die links zum Klärwerk führt. Auf sandiger Strecke kommen wir in den Kiefernwald, vorbei an einem Jagdsitz, bis wir nach 1,5 Kilometern erneut auf die B 111 stoßen. Der Radweg, der hier links der Straße entlangführt, ist sogar beleuchtet. Auf ihm stoßen wir nach einem Kilometer bei den Häusern von Stubbenfelde auf eine Kreuzung. Von ihr geht es rechts nach Kölpinsee. Wir folgen jedoch der mit Birken bestandenen Straße nach links. Am überdachten Picknickplatz vorbei radeln wir am Kiefernwald entlang und orientieren uns rechts zum Ortsrand von Loddin, das sich am Achterwasser entlangzieht. Links durchs Dorf bis zu den beiden Gasthöfen.

Tip Wer sich hier links hält, erreicht den Rand des **Loddiner Höft,** das immerhin 22,7 Meter übers Wasser ansteigt.

Unser Weg führt jedoch um den „Gasthof Achterwasser" rechts, über den Parkplatz, an einer rohrgedeckten Schutzhütte vorbei und auf sandigem Feldweg leicht abwärts am Zaun einer freundlichen Feriensiedlung entlang. Wer nicht unbedingt an der Ostsee wohnen möchte, ist hier sicher gut aufgehoben. An der Gabelung entscheiden wir uns für links und folgen 2 Kilometer lang dem beinahe kerzengeraden, durch Wiesen und Felder führenden Weg. Dabei dürfen wir uns durch einige Schlaglöcher nicht beirren lassen. Die Bullenweide an der Strecke ist zum Glück gut gesichert. Sobald wir abermals die B 111 erreicht haben, überqueren wir sie ebenso wie die Bahnstrecke und kehren links auf dem Radweg nach Koserow und durch die Bahnhofstraße zum Bahnhof zurück.

Toureninfos

 20 km und 2 kurze Abstecher.

 Bahnhof Koserow.

 Die schmale Insel macht es unvermeidlich, dreimal die B 111 anzufahren, teilweise mit ihrem Radweg. Wer Ückeritz noch nicht kennt, sollte sich im Dorfbereich bis zur Bundesstraße umsehen. Wer hier im Urlaub wohnt, muß mit einem guten Kilometer Weg bis zum Strand rechnen, der allerdings weithin durch Wald führt.

 Zahlreiche in Koserow, Kölpinsee, Ückeritz und Loddin. Besonders hübsch gelegen: das Hotel „Forsthaus Damerow" (56 Bungalows im Wald, Cafégarten) jenseits der B 111, westlich von Koserow.

 Ostsee, Achterwasser, Kölpinsee.

3

Von Zinnowitz zum Krumminer Wiek

Info

Vornehm ging es lange zu in **Zinnowitz**. Das läßt sich auch an einigen der älteren Ferienbauten ablesen, deren Jugendstil die Verantwortlichen auf die Idee brachte, in dieser Bauweise selbst in der Gegenwart ein eigenes Gesicht zu erhalten. Denn in den Jahrzehnten der DDR waren in einem großen Teil des Bades durchaus nicht die „Hautevolee", sondern die Arbeiter von Wismut als Gäste, was man ihnen von Herzen gönnen kann. Für sie entstand denn auch manche Bausünde, die viele der 4500 Zinnowitzer von heute am liebsten ungeschehen machen möchten.

Die Rolle, die Zinnowitz traditionell und durch mehrere touristische Generationen hindurch spielte, lag im Gleichgewicht zu den viel besuchten Badeorten im Südosten Usedoms (Ahlbeck, Heringsdorf, Bansin). Wer von Wolgast (ursprünglich mit der Fähre, seit 1936 über eine Brücke) auf die Insel kam, stieß auf Zinnowitz, das in den Jahren als Sozialbad beinahe aus seinen Nähten platze. Damit sei, geben die Bewohner heute selber zu, der „Erholungszweck für viele Besucher eingeschränkt" worden. So muß also Zinnowitz gegenwärtig noch mehr als andere Badeorte seinen Stil wiederfinden. Das großzügige Strand-Ambiente mit Waldnähe, Waldbühne und einem der ganz wenigen Meerwasserhallenbäder Mecklenburg-Vorpommerns schafft dafür günstige Voraussetzungen. Nicht zuletzt, da das Umland - mit den rustikalen Badeorten Karlshagen und Trassenheide sowie den Dörfern zwischen Krumminer Wiek und Achterwasser mit der Halbinsel Gnitz und ihrem 32 Meter hohen Weißen Berg - Wanderern und Radfahrern viel Freiraum bietet.

Vom Bahnhof Zinnowitz wenden wir uns rechts und mit der Straße „Zum Bahnhof", vorbei an „Martinas Reiserestaurant", rollen wir parallel zu den Gleisen. Nach 200 Metern passieren wir nach rechts den beschrankten Bahnübergang und folgen unter Linden und Kastanien, von Bänken begleitet, der Alten Strandstraße. Wenn wir mit ihr die B 111 erreicht haben, überqueren wir sie schräg nach rechts in die Neuendorfer Straße hinein. Damit lassen wir, am Friedhof vorbei, Zinnowitz hinter uns. Bald bietet sich links ein schöner Blick aufs Achterwasser.

Info

Wenn wir am Waldrand des Eichholzes angekommen sind, müssen wir die **Bollbrücke** überqueren. Sie überspannt den Entwässerungskanal, der seit Beginn des Jahrhunderts den „Großen Strummin" ersetzt hat. Das war ein breiter Wasserarm zwischen Achterwasser und Strumminer Wiek, durch den Gnitz bis dahin eine echte Insel war.

Wir fahren durch den Wald geradeaus, bis wir hinter einem Jagdstand in den breiten zweispurigen Betonweg links abbiegen können. Mit ihm bleiben wir im Wald und halten uns 800 Meter weiter an der Gabelung links, so daß wir den Wald verlassen und dem Achterwasser nahe sind. Über den Kanal erreichen wir im Rechtsbogen die Betonstraße am Ortsrand von

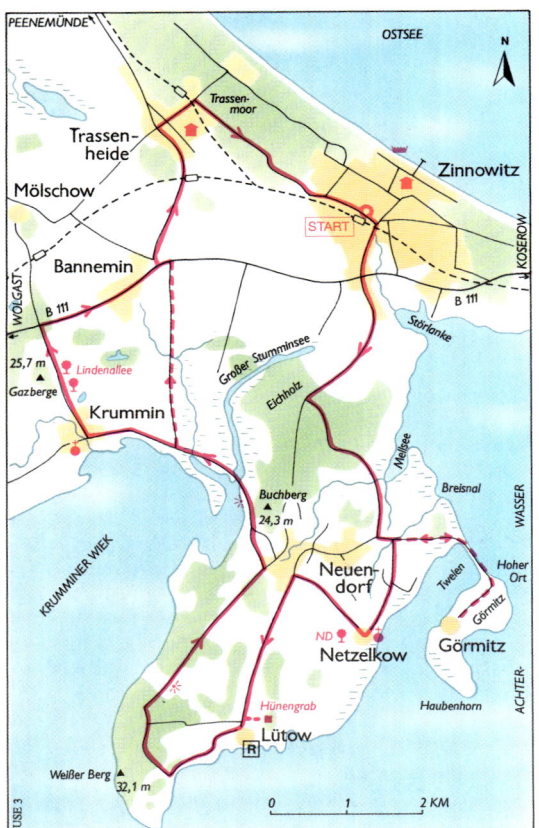

Neuendorf. Auf ihr fahren wir 200 Meter nach links und an der Gabelung hinterm Knick erneut links. Vor uns ziehen sich Felder weit hin.

Tip

Hier läßt sich ein Abstecher (hin und zurück etwa 4 Kilometer) zur **Insel Görmitz** einschieben, auch wenn wir auf der gleichen Strecke zurückfahren müssen. Das Betriebsgelände der Erdölfelder ist nämlich auch für Radfahrer versperrt. Immerhin erreichen wir auf dem für Autos unzugänglichen 10 Meter breiten Betondamm durch eine versetzte Abgrenzung den verbotenen Eingang. Dabei liegt linker Hand das von Anglern geschätzte Achterwasser, in dem auch Fischreusen ausgelegt sind, und rechts das Twelen-Wasser.

Wir kehren zurück zur bekannten Betonstraße und fahren links durch Felder und vorbei am Erdöl-Förderfeld Lütow-Neuendorf. Am Achterwasser mit einem „Yachtanleger" entlang passieren wir die Häuser von Netzelkow.

38

An einem von Usedom Stränden bei Zempin

Die turmlose **Backsteinkirche** von **Netzelkow** aus dem 14./15. Jahrhundert bewahrt ihre beiden ebenso alten Glocken in einem hölzernen Glockenbock. Vor dem Gotteshaus liegen Picknick- und Kinderspielplatz, hinter ihm steht eine als Naturdenkmal geltende mächtige Esche. Wer die Kirche besichtigen will, kann sich bei Frau Schütt (zweites Haus rechts) den Schlüssel holen. Es lohnt: Diese entlegene Kirche besitzt nämlich den einzigen Taufstein des 14. Jahrhunderts auf der Insel. Außerdem hat der am Eingang eingemauerte Mahlstein seine Geschichte: er wurde einst als Weihwasserbecken genutzt, wie der zuständige Pfarrer weiß.

Wir folgen der rechts vor der Kirche laufenden Teerstraße, die unter hohen Eschen durch die Felder führt und mit der wir nach 1500 Metern in Neuendorf sind. Mit leichtem Anstieg geht es links aus dem Ort hinaus zum 1500 Meter entfernten Lütow.

Wenn wir hier an der Straßengabelung links den Grasweg parallel zur Stromleitung nehmen, stoßen wir auf den Hügel eines **Großsteingrabs**.

Die **Halbinsel Gnitz**, die wir jetzt erreicht haben, besitzt am Achterwasser einen Badestrand von einigen hundert Metern Länge und 50 Metern Breite. Wer es ausprobiert, wird feststellen: Das Achterwasser ist nicht so salzig wie die freie Ostsee. Auch mit Wellen ist hier nicht zu rechnen.

Nach rechts radeln wir an Lütow entlang, passieren einen Biergarten und ein Feriendorf und stoßen nach 700 Metern auf die Pforte, die den Weg ins Naturschutzgebiet für Autos versperrt. Unser Feldweg führt am Achterwasser entlang. Nach 400 Metern halten wir uns an der Gabelung rechts und durchfahren hinter der Kreuzung das „Usedomer Naturcamping", mitten im Wald. Am Rand des Campingplatzes biegen wir rechts in den Querweg und hinter dem Zaun nach links, ebenso an der folgenden Gabelung. Der Feldweg führt abwärts in Richtung Neuendorf. Wenn wir 500 Meter weiter am Waldrand sind, geht es rechts in den Querweg und im Linksbogen unter hohen Kiefern weiter. Die folgenden Felder ermöglichen einen weiten Rundblick. Von ein paar Schlaglöchern lassen wir uns nicht stören. Die abwechslungsreiche Strecke bringt uns am Waldrand zu einem Platz, wo ausgediente Militärlastwagen abgestellt sind. Nach 2,5 Kilometern schwenken wir an der Gabelung vor Neuendorf nach links. Ein gepflasterter Weg führt abwärts zum Krumminer Wiek mit seinem hübschen Fischerhafen. Wir folgen dem zweispurigen Betonweg auf dem Deich, wobei wir über den Schilfgürtel die anmutigen Wiekblicke genießen. Nach 2 Kilometern überqueren wir vor der Schleuse eine Brücke. 400 Meter weiter müssen wir uns zwischen zwei Möglichkeiten entscheiden.

An der Gabelung könnten wir nach rechts dem schnurgeraden zweispurigen Betonweg durch die Wiesen folgen, der direkt nach Bannemin führt.

Alternativ steuern wir an dieser Gabelung nach links zuerst Krummin an.

Krummin gab dem Wiek den Namen. Hier wurde 1289 ein Kloster der Zisterzienserinnen gegründet, von dem lediglich die **Kirche** noch erhalten ist. Der Backsteinbau aus dem 14. Jahrhundert ist verputzt. Der Turm wurde erst 1857 angefügt. Gern kommen die Gäste von Zinnowitz aber auch hierher, um die unter Landschaftsschutz stehende **Lindenallee** zu bewundern. Übrigens lag bei den Krumminer Nonnen der Ursprung von Zinnowitz, das im Jahr 1309 als Besitz des Klosters dokumentiert ist. Das alte Zinnowitz befand sich also weiter im Binnenland, bis mit der Entstehung des Seebades 1851 das Schwergewicht zur Küste wanderte, wo zwei Jahrzehnte später die Bauten der Gastbetriebe entstanden.

Von Krummin führt unser Weg durch die Lindenallee zur B 111, auf ihr rechts durch Bannemin und danach links ab in Richtung Peenemünde. Diesen Abzweig brauchen wir auch, falls wir direkt nach Bannemin gefahren sind. Mit der Peenemünder Straße überqueren wir nach einem reichlichen

Kilometer den beschrankten Bahnübergang am Bahnhof Trassenheide, um weiter in den Ort zu radeln. Gewöhnlich wird er in einem Atem mit dem nahen Karlshagen genannt.

Info

Trassenheide ist östlich von Wald, westlich von Wiesen umrahmt und zieht sich zwischen der Ostsee und dem Peenestrom hin. Sein **Strand** ist 3 Kilometer lang und erreicht eine Breite bis zu 70 Metern. Wir erreichen ihn, wenn wir nach 500 Metern rechts in die Strandstraße biegen.

Dieser kleine Ort im Umkreis von Zinnowitz entstand erst vor 170 Jahren und wird gern von Gästen besucht, die es etwas ruhiger und naturnäher mögen. Immerhin behauptet das gepflegt wirkende Hotel „Waldhof" mit seinem Rohrdach kühn, "das" Hotel auf Usedom zu sein. Jedenfalls fehlt es in den speziellen Arrangements nicht am Angebot eines Leihfahrrads. Wer mit Hund unterwegs ist, muß für dessen Übernachtung mit 15 Mark rechnen. Allerdings liegt das Schwergewicht des Ortes bei den Campingurlaubern.

Um von Trassenheide nach Zinnowitz zurückzukehren, haben wir mehrere Möglichkeiten: Am besten halten wir uns an die gut ausgeschilderten Wege in Richtung Zinnowitz.

Wer auf eine Besichtigung von Trassenheide verzichtet, kommt am kürzesten zurück, wenn er hinter der Bahnstrecke rechts den geschotterten Weg unter hohen Kiefern nimmt. Am „Waldhotel" vorbei, nach 2 Kilometern aus dem Wald heraus, vorbei am Kinderheim St. Otto und mit der Straße "Am Bahnhof" zum Ausgangspunkt zurück.

Toureninfos

 Rund 30 km.

 Bahnhof Zinnowitz.

 Der Gegensatz zwischen dem betriebsamen, „städtischen" Zinnowitz und den stillen Dörfchen am Achterwasser ist sehr groß. Typisch dafür, daß auf der Halbinsel Gnitz Lütow mit seinen Ortsteilen Netzelkow und Neuendorf nicht mehr als 360 Einwohner aufweist.

 Zahlreiche in Zinnowitz und Trassenheide, sonst spärlich und saisonbedingt.

 Ostsee, Achterwasser der Halbinsel Gnitz, Meerwasserwellenbad Zinnowitz (nur bedingt komfortabel).

Erinnerung an die Welt
des Wernher von Braun

Von **Peenemünde** spricht man - durchaus nicht zu Unrecht - als „Geburtsort der Raumfahrt", die auf Grund der Vorarbeiten von Hermann Oberth Wirklichkeit werden konnte. In den USA ist damit auch der Name "Wernher von Braun" verknüpft, der hier auf Usedom eine „Wunderwaffe" ausprobierte, die 15 Jahre später zum ersten Satellitenstart und im Jahr 1969 zur Landung auf dem Mond führte. So ist Peenemünde in unseren Tagen zum Anziehungspunkt für sehr unterschiedliche Interessen geworden.

Ein wichtiges Stück Historie unseres Jahrhunderts ist es jedenfalls, die sich aus Relikten von einst ablesen läßt. Ein Museum also oder, wie es offiziell heißt, ein „Historisch-technisches Informationszentrum". Kein Anlaß für nationalen Stolz. Wohl aber Begegnung mit dem zweifellos genialen Forschungsgeist des Wernher von Braun. Auch einem Alfred Nobel macht ja kaum jemand die todbringende Explosivkraft des Dynamit zum Vorwurf, das er um 1870 ausgerechnet „auch" in Deutschland (Geesthacht in Schleswig-Holstein) erfand.

Traurige Berühmtheit erhielt Peenemünde daher auch im Krieg, als hier V1- und V2-Bomben entwickelt und getestet wurden.

Unsere Radtour verbindet landschaftliche Vorzüge und eine Begegnung mit den Ursprüngen der Raketen ins Weltall. Wir haben dabei die Wahl, ob wir sie in Zinnowitz oder - etwas näher - von Trassenheides Bahnhof aus beginnen wollen. Wir erreichen ihn aus verschiedenen Richtungen. Entweder von Wolgast aus oder von einem der Usedomer Badeorte, wobei in jedem Fall Zinnowitz den Drehpunkt bildet. Mehr als 3 Kilometer trennen Trassenheide und Zinnowitz nicht.

Von Trassenheides Bahnhof halten wir uns links und sofort anschließend rechts, um 500 Meter durch Trassenheide zu radeln. Wir biegen rechts in die Strandstraße und halten uns, am Ehrenmal vorbei, über die Kreuzung geradeaus. Auf dem Radweg am Waldrand kommen wir an einem Parkplatz vorbei und im hohen Kiefernwald über die Bahn.

Wer jetzt schon Hunger hat, findet außer Bänken auch einen Picknickplatz vor.

Nach einem reichlichen Kilometer wenden wir uns vor dem Telefonhäuschen mit der Informationstafel links auf die Teerstraße, halten uns aber schon 100 Meter weiter an der Gabelung links zum Schotterweg im hohen Kiefernwald. Vorbei an einer Schranke, folgen wir hinter der Ferienhaussiedlung dem Weg nach Karlshagen, der für Autos gesperrt ist. Nach 2,5 Kilometern haben wir den Campingplatz von Karlshagen erreicht, rollen auf dem geteerten Weg an ihm vorbei. Nur die Dünen trennen uns vom lockenden Strand. Jedoch sind wir immer noch mehr als 2 Kilometer von Karlshagen entfernt, das sich schon bald mit seinen Wohnblöcken zeigt. An der Querstraße wenden wir uns links in Richtung Zentrum. Wenn wir an der Bahn sind, halten wir uns auf der breiten Trasse rechts. Dabei passieren wir das Wohngebiet von Karlshagen, an das sich in kurzer Entfernung das Urlaubsgelände anschließt.

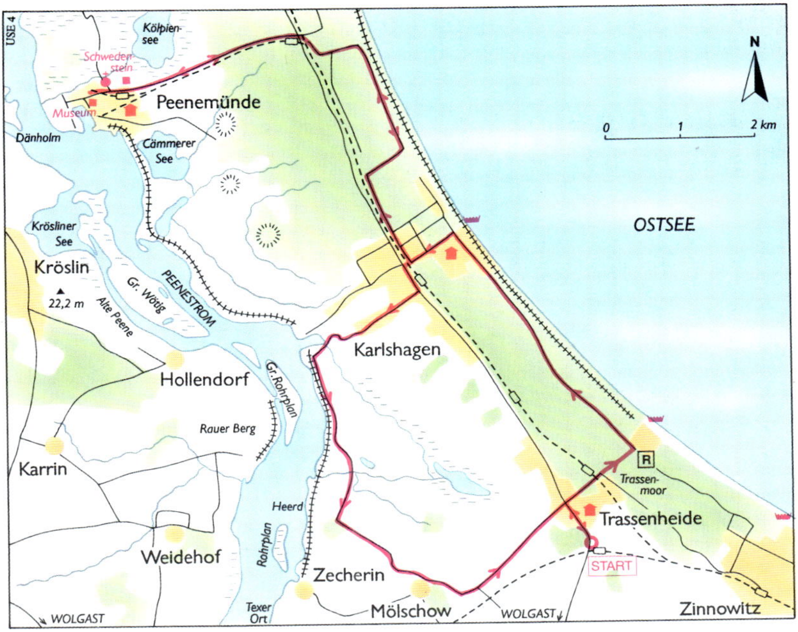

Info

Erst 1892 gegründet, gehört **Karlshagen** zu den jüngsten Seebädern Usedoms. Schon 1937 fand der Tourismus ein erstes Ende, da die Versuchsanlagen von Peenemünde hier ein Sperrgebiet entstehen ließen. Zu allem Überfluß vernichteten im Krieg die Bombenangriffe auf das nahe Raketengelände beinahe alle strandnahen Urlaubsanlagen. Auch danach dauerte es noch acht Jahre, bis das Ostseebad wieder Fuß fassen und sich zu neuer Blüte entwickeln konnte. Gegenüber der Patina der älteren Bäder ist Karlshagen heute ein „neumodisches" Bad, wenn auch die Bausünden der DDR nicht zu übersehen sind.

Tip

Von unserer Strecke zwischen Strand und Bahnstrecke führt ein Abzweig zu einem **Flugplatz**, von dem aus Rundflüge stattfinden.

43

Wir folgen der Straße durch den hohen Mischwald und halten uns am Ortsrand von Peenemünde links über die Bahnlinie. Anschließend fahren wir rechts in Richtung Hafen.

 An einem großen Parkplatz mit Kiosk und einer Kapelle steht der **Schwedenstein**, der an die Landung Gustav Adolfs im Jahr 1630 erinnert. Ringsum verteilen sich die erhaltenen Anlagen mit einigen Schauobjekten.

 Von Peenemündes kleinem Hafen aus finden während des Sommers Schiffsrundfahrten von 45 Minuten Dauer statt - zwischen 11 und 16 Uhr zu jeder vollen Stunde.

Für die Rückfahrt folgen wir vom Peenemünder Parkplatz aus dem Fußweg neben der Fahrstraße durch hohen Kiefernwald nach Karlshagen. Hier wenden wir uns an der Querstraße rechts über die Bahn und im Bogen links, bis wir rechts der Hafenstraße mit ihrem Kopfsteinpflaster und zuletzt durch Wiesen den Fischerhafen am Peenestrom erreicht haben.

Auch von hier können wir eine Schiffsfahrt einschieben.

Vor dem Deich fahren wir nach links durch die von Kühen gut besetzten Wiesen. Der Weg verläßt den Deich und verläuft zwischen Gräben. Ein Seezeichen ist für die Schiffe im Peenestrom nützlich. Über eine Brücke und durch Wiesen stoßen wir am Kiefernwald auf eine Gabelung. Hier folgen wir der zweispurigen Betonbahn nach links. Die führt vom Waldrand schnurgerade durch die Felder, parallel zur Stromleitung, danach mit zwei Biegungen nach Mölschow. Von Mölschows Hauptstraße fahren wir auf dem Fuß-Radweg links zur Trassenheider Straße, die keinen Radweg mehr hat. An der Gabelung geradeaus bis nach Trassenheide, dessen Ortsbeginn wir reichlich zwei Kilometer hinter Mölschow erreichen. An der Querstraße, 300 Meter weiter, am Ehrenmal rechts (nicht in die Strandstraße) und geradeaus mit dem Fuß-Radweg bis zu den Bahngleisen. Nun brauchen wir nur noch links bis zum Bahnhof zu rollen.

 Wer den Weg nach Zinnowitz benützen will, fährt hinter der Bahn rechts, auf dem geschotterten Waldweg entlang durch hohe Kiefern. Vorbei am „Waldhotel" aus dem Wald heraus und nach dem Kinderkurheim St. Otto vor der Bahn links zum Bahnhof von Zinnowitz.

Toureninfos

 31 km, zusätzlich von und bis Zinnowitz 6 km.

 Bahnhof Zinnowitz oder Trassenheide.

 Planen Sie hinreichend Zeit für die Besichtigung des Informationszentrums oder eine Schiffsfahrt ein. Ein beträchtlicher Teil der Strecke verläuft im Wald.

 Zinnowitz, Karlshagen und Trassenheide: Auswahlmöglichkeiten; Peenemünde: Gasthaus „Zur Zwiebel" am Peeneplatz (Biergarten), im Informationszentrum „Feldsalonwagen" (Terrasse)

 In den Ostseebädern an der Strecke.

Peenemündes Hafen als Ausgangspunkt
<< für eine Ausflugsfahrt mit der M.S. "Wolgast"

Deutschlands größte Insel
Rügen für Entdecker

Auch wenn seit 1990 immer mehr Neugierige die Fahrt nach Rügen angetreten haben - wirklich kennengelernt haben die Insel nur wenige. Zügige Busfahrten zu den renommierten Sehenswürdigkeiten oder ein Aufenthalt im strandnahen Hotel, Ausflugsfahrten mit dem Wagen zu ein paar spektakulären Zielen - das genügt wahrhaftig nicht, um Rügen richtig zu erleben. Die Eigenart und Vielseitigkeit dieser Insel, über die schon manches Buch geschrieben wurde, verdient wahrhaftig etwas mehr als das flüchtige „Sightseeing" des oberflächlichen Touristen. Am besten sind die dran, die mit ihrem Fahrrad auf Entdeckertour gehen.

Dabei verrät schon ein Blick auf die Karte (aber mindestens eine im Maßstab von - sagen wir - 1:200.000, also der Deutschen Generalkarte!), daß Rügen eine völlig unübersichtliche Insel ist. Halbinseln in jeder Himmelsrichtung, Verzweigungen, vorgelagerte Inselchen (nicht nur Hiddensee!), schmale Landbrücken da oder dort. Die Natur, die geologische Entwicklung, Eiszeiten und - last not least - der Mensch haben Rügen zu einem wahren Kaleidoskop der wechselhaften Eindrücke gemacht. Bodden, Buchten und Wieks jeder Größe geben sich rings um die Insel im Ostseewasser ein Stelldichein. Nur einen winzigen Teil Rügens bilden die bekannten Strände, die sich auf den Südosten konzentriert haben: mehr als vier sind es gar nicht. Zwischen der Nordspitze mit dem Kap Arkona (viel besucht) und dem Südzipfel von Zudar (weithin unbekannt) liegt viel „Niemandsland". Oder - waren Sie etwa schon auf Ummanz, in Moritzdorf, am Bakenberg oder am Lebbiner Haken? Nein, das hatte Ihr Bus bestimmt nicht in seiner Route.

Nicht immer war Rügen eine Insel. Vor 30.000 Jahren bildete es einen Teil Schwedens, von dem es sich nach dem Ansteigen der Ostsee allmählich völlig löste. Demgegenüber umfaßt das selbständige Inseldasein, das wir überblicken können, lediglich ein Jahrtausend. Nach frühzeitlicher Besiedlung durch germanische und slawisch-wendische „Ureinwohner" entstand die älteste Kirche im Jahr 1200 in Altenkirchen, erhielt als älteste Stadt Garz 1316 Stadtrecht, stammt die älteste Kirchenglocke (von Neuenkirchen) aus dem Jahr 1367. Immerhin bekunden mehr als 30 zum Glück unzerstört gebliebene Kirchen des Mittelalters frühe christliche Kultur. Kein Ort der Insel liegt weiter als 8 Kilometer von der Küste entfernt. Die auf lange Strecken bizarr gegliederte Küstenlinie erstreckt sich über 572 Kilometer. Jeder "Rüganer", wie die Insulaner sich selbst nennen, könnte 7 Meter der Küste für

Rügens großartigster Blick: vom Königstuhl

sich beanspruchen. Insgesamt hat die 926 km² große Insel 83.000 Einwohner, mit abnehmender Tendenz: 1989 waren es noch 4.000 mehr. Auf den Quadratkilometer kommen heute 94 Menschen - etwas mehr, als es für ganz Mecklenburg-Vorpommern (82) gilt.

Strände, von denen man spricht

Die Statistiker haben festgestellt, daß ganz Rügen (ohne Hiddensee) mehr als 70 Strände unterschiedlicher Länge besitzt. Der kürzeste 100 Meter, der längste zwischen 4 und 5 Kilometern. Von ihnen öffnen sich allerdings nur 33 zum offenen Meer hin, während weitere 41 als Strand oder schlichte Badestelle zum Binnenwasser das Meer sozusagen aus zweiter Hand erleben, zu den Bodden orientiert. Ein Dutzend der „echten" Meeresstrände ist aus verschiedenen Gründen gesperrt. Andere sind so kurz, daß sie als Urlaubsstrände wenig attraktiv sind. Die wirklich schönen Strände beschränken sich auf nicht mehr als ein halbes Dutzend Orte.
Wenn Sie dabei vielleicht, weil es als Ausgangspunkt zu den Kreidefelsen der Stubnitz und Fährhafen nach Schweden besonders bekannt ist, an Saßnitz denken, so irren Sie sich. Seit jeher hatte Saßnitz, obwohl es schon 1861 als Seebad von sich reden machte, einen recht steinigen Strand, der inzwischen auch aus hygienischen Gründen nicht in Betracht kommt. Allenfalls die Bäderarchitektur aus der Vergangenheit hat hier einen gewissen Reiz. Wer Fontanes „Effi Briest" gründlich gelesen hat, erinnert sich vielleicht an einen Satz, der gerade noch für das Jahr 1895 gelten konnte: „Nach Rügen reisen, heißt nach Saßnitz reisen." So ändern sich die Zeiten. Immerhin benannte Fontane seinen soldatischen Romanhelden nach dem damals noch selbständigen Dorf, das heute zu Saßnitz eingemeindet ist: Crampas. Um von hier aus Rügen zu „entdecken" und durch den Stubnitz-Wald zu wandern, läßt sich über Saßnitz durchaus reden - für einen Badeurlaub jedoch nicht.
Ganz anders sieht es weiter südlich aus. Was bei Trora errichtet wurde und stehen blieb, kann nur erschrecken. Heute denkt man angestrengt über sinnvolle Verwendung der monströsen Bauten nach. Aber knapp 20 Kilometer südlich von Saßnitz beginnt mit dem Nobelbad der zwanziger Jahre, Binz, die kleine Reihe der Bäder, die Rügens Ruf als Badeküste seit über einem Jahrhundert geschaffen haben. Hier läßt sich im feinen Sand breiter Strände die Ostsee wahrhaft genießen.
Längst waren in Heiligendamm, in Schleswig-Holstein und auf Usedom mehr oder minder florierende Ostseebäder entstanden, als Rügen schließlich 1882 auch zum Zuge kam. Vermutlich lag die Ursache dafür nicht nur

in einer gewissen zögerlichen Insulaner-Mentalität, sondern auch in der Notwendigkeit, die Anfahrt mit dem Schiff - woher auch immer - durchzuführen. Erst als ab 1896 das „Trajekt" ab Stralsund die Zufahrt mit der Bahn vom Festland her ermöglichte, wurden diese Hemmungen abgebaut.

Nachdem 1882 in Binz ebenso wie in Göhren der Badebetrieb allmählich einsetzte, war der Bann gebrochen. Sellin folgte 1887 und noch einmal ein Jahrzehnt später, 1898, das kleine Fischerdorf Baabe, das bis heute einen bescheideneren, ruhigeren Zuschnitt hat. Eine gewisse Rangordnung zeigt sich auch heute noch, indem beinahe zwei Drittel der Hotelkapazität der Badeorte Binz betreffen. Lediglich den Rest von 34 % besitzen Sellin, Baabe und Göhren, sogar Saßnitz noch einbezogen. Ebenso fällt auf, daß die Hälfte aller Übernachtungen auf der Insel auf die 5 % von Rügens Fläche zwischen Binz und Göhren, Mönchgut einbezogen, entfällt. Parallel zum Wachsen der vier maßgeblichen Badeorte entstand die bis heute bestehende (wenn auch umstrittene) Kleinbahnverbindung mit dem „Rasenden Roland" (siehe Seite 56), die Putbus 1895, Sellin 1896 und Göhren 1899 erreichte.

Eine Kuriosität soll nicht fehlen. Die weitsichtigen Fürsten von Putbus (insbesondere Malte), die zu Beginn des 19. Jahrhunderts Putbus als Residenz geplant und ausgebaut hatten, ließen sich von der Doppelfunktion von Doberan und Heiligendamm anregen, auf Rügen ein Gegenstück zu schaffen. So entstand als historisch allererstes Ostseebad auf Rügen bei Putbus schon ab 1816 im nahen Lauterbach, gegenüber der Insel Vilm, ein Badeort am Bodden, dessen 1817/18 als „Badehaus" errichteter, mit Säulen geschmückter Bau (Heiligendamm läßt grüßen...) bis heute die Erinnerung an den Badeehrgeiz von Wilhelm Malte I. von Putbus wachhält. Der Fürst dachte wahrhaft großzügig: Kursaal, Theater, Orangerie, Wildgehege, Affenhaus entstanden. Freilich entsprachen die Badesitten der prüden Einstellung der damaligen Zeit. Auch wenn zuerst vielerlei, meist adelige Prominenz nach Putbus-Lauterbach kam, flaute das Interesse um die Jahrhundertmitte merklich ab.

Immer wieder vergnüglich liest sich, was im frühen 19. Jahrhundert über die damalige Badepraxis berichtet wurde. So im 1823 erschienenen „Reisegesellschafter durch Rügen": „Wer sich des kalten Seebades bedienen will, es aber nicht liebt, sich im Freien zu entkleiden, benutzt einen der Badekarren. Auf einer kleinen Treppe steigt der Entkleidete ins Bad - und auch die züchtigste der Frauen darf sich nicht scheuen, eines solchen Badekarrens sich beim Baden zu bedienen, denn außer, daß solcher an den Seiten bekleidet ist, auch die Eingangstür verschlossen werden kann, ist auch dafür gesorgt, daß durch einen seewärts niederzulassenden Vorhang die Badende sich dem Blicke jedes Lauschenden gänzlich entziehen kann." (zitiert nach Herbert Ewe). In Schleswig-Holstein hielt man es damals nicht anders, was ich in meinem Buch „Als die Badekarren rollten" geschildert habe. Wie es mit dem „Komfort" eines Badeaufenthalts vor einem Jahrhundert aussah, hat recht plastisch Ernst Boll (nach Ewe) lebendig gemacht. Von Saßnitz hieß es, daß „die Häuser mit ihren Ställen und Dunghöfen sehr zusammengedrängt liegen, wodurch die Frische der Luft sehr beeinträchtigt wird, die überdies auch noch durch den Rauch, worin die Bücklinge, Flickhäringe, Spickflundern und Spickaale bereitet werden, keine angenehme Zugabe erhält. In den einfachen Wohnungen der Leute finden die Badegäste Aufnahme. Der einzige Schmuck der Zimmer besteht in einem blendend weißen Kreideanstrich und etwa einer Kante von frischem Epheu, die dicht unter der Zimmerdecke sich herumziehend an den Wänden festgenagelt ist... Das Ameublement ist sehr einfach und beschränkt sich fast nur auf Tisch und Stühle, doch findet man jetzt hin und wieder schon ein Sopha. Schränke und Kommoden... sind aber nur in den wenigsten Wohnungen vorhanden."

Zurück in die erfreulichere Gegenwart! Den bedeutendsten Strand Rügens besitzt Binz. Er ist in Ortsnähe 3 Kilometer lang und umfaßt 135.000 Quadratmeter. Das macht deutlich, daß er im Durchschnitt immerhin 45 Meter breit ist. Außerdem ziehen sich nördlich von Binz im Bereich der Schmalen Heide vor Prora weitere Strände hin, die zusammen eine Länge von 7 Kilometern und 280.000 Quadratmeter umfassen. Diesen Stränden fehlt allerdings eine angemessene Infrastruktur.

Zwei verschiedenartige Strände besitzt auch Göhren. Sein Nordstrand bildet die Fortsetzung der von Baabe verlaufenden Küste und weist eine Länge von 1,6 Kilometern auf, die 60.000 Quadratmeter Strand ergeben. Ein zweiter Strand schließt sich, ebenso lang, jedoch etwas schmäler, hinter Rügens östlichster Spitze, dem Steilufer des Nordperd, an. Dieser „Südstrand" der Halbinsel Mönchgut bildet den Übergang zum Dörfchen Middelhagen.

Im Norden Mönchguts - zwischen Ostsee und Selliner See - kann sich das einstige Fischerdorf Baabe rühmen, daß sein Strand in Breite und Feinheit des Sandes dem von Binz nicht nachsteht, wenn auch das Ambiente hier bescheidener ist. 1,5 Kilometer Strandlänge und 62.000 Quadratmeter Fläche sprechen jedoch für sich. Das nordwestlich von Baabe folgende Sellin steht mit seinem Steilufer vor etwas weniger günstigeren Voraussetzungen. Sein Hauptstrand mit der Seebrücke, der durch abwärts führende Treppen zu erreichen ist, ist nicht länger als 450 Meter. Hinzu kommen ein recht schmaler Nordstrand und ein immerhin über einen Kilometer langer Fischerstrand. Steinfrei sind diese Strände freilich nicht, auch wenn das Hinterland mit dem nahen Granitzwald einen Ausgleich bedeutet.

Damit erschöpft sich das Angebot der ausgesprochenen Seebäder. Strände gibt es freilich noch einige mehr. Ein seit langem beliebtes Strandgebiet südlich von Göhren ist mit dem Namen von Thiessow verbunden. Hier und in seiner Umgebung herrschen noch Campingplätzen or, aber wie der Augenschein inzwischen verrät, wird sich auch das Angebot für Hotel- und Pensionsgäste künftig steigern. Diese südliche Spitze von Mönchgut mit dem - Gegenstück zu Göhrens Nordperd - Südperd hat freilich den Nachteil, daß sie verkehrsmäßig in einer Sackgasse liegt und nicht allein der Radfahrer, sondern auch der Automobilist längere Anfahrten zu anderen Inselzielen einkalkulieren muß.

Im hohen Norden von Rügen, an der Strecke zum Kap Arkona, empfiehlt sich der Landrücken der Schaabe, zwischen Glowe im Südosten und dem Doppelort Breege-Juliusruh im Norden, als Teil der Halbinsel Wittow mit zusammen 9 Strandkilometern, von denen der Löwenanteil auf Breege-Juliusruh entfällt: 6 Kilometer mit 260.000 Quadratmetern.

Rügen für Radfahrer: hier im Bereich der Hagenschen Wiek

Rügens vier Städte zwischen 1900 und 19.000 Einwohnern

Wenn auf einer Insel Strände, Landschaften und Sehenswürdigkeiten den Vorrang haben, treten die Städte in den Hintergrund. Zumal dann, wenn sie von ihrer Größe her begrenzt sind. Nur zwei von ihnen übersteigen die Zahl von 10.000 Einwohnern: Bergen und Saßnitz. Die beiden anderen - Putbus und Garz - bleiben um oder erheblich unter 5.000 Einwohnern. Trotzdem hat jede von ihnen - ob 1900 oder 19.000 Bürger - ihren Rang und ihr Gesicht. Städtebummel auf Rügen - warum eigentlich nicht?

Es ist nicht nur Mitleid oder Höflichkeit, mit der kleinsten Stadt zu beginnen. Das ist Garz. Seine 1900 Einwohner fallen wenig auf. Aber - Respekt! - es ist die älteste der Inselstädte.

Garz entstand einst im Südosten der Insel, wo sich zwei wichtige mittelalterliche Verkehrswege kreuzten. Die frühen Ansiedler hatten bemerkt, daß das moorige Umland diesen Wohnsitz ganz natürlich vor Feinden schützte. Dazu bauten sie eine Burg mit einem Schutzwall von 200 Metern Länge und 140 Metern Breite, wie er sich heute noch besichtigen läßt. Wo Slawen heimisch gewesen waren, setzte sich vom Jahr 1240 an die deutsche Kolonisation durch. Um sie zu stärken, erhielt Garz bereits 1317 Stadtrecht. Es dauerte rund 300 Jahre, bis mit Bergen eine zweite Stadt auf Rügen in Erscheinung trat. Wer heute in Garz halt macht, wird es wohl in erster Linie wegen des Ernst-Moritz-Arndt-Museums tun, das hier - wenige Kilometer nördlich von Arndts Geburtsort Groß-Schoritz - 1929 als Heimatmuseum entstand. Mit einer zweiten Attraktion wartet Garz auf, wenn auf der Freilichtbühne am Wall der einstigen Burg alljährlich die Volkschöre der Insel ihre Lieder singen. Dennoch ist die Stadt für alle, die es zu den Stränden zieht, nicht mehr als ein Mini-Landstädtchen.

Nicht einmal eine Kirche bemerkt der Autotourist, denn die mittelalterliche Backsteinkirche aus dem 14. Jahrhundert hat sich abseits des „Stadtkerns" im Ortsteil Wendorf nach Süden zu angesiedelt. Da die Stadthäuser wegen eines Brandes erst nach 1765 entstanden, entfällt die einzige echte Patina auf diese Kirche. Sicher wirkt auch das Fachwerk-Pfarrhaus von 1750 recht gefällig. Der Altar im Kircheninneren kam 1724 aus der fleißigen Werkstatt Elias Keßlers von Stralsund. Ältestes Stück ist die schon im 13. Jahrhundert geschaffene Taufe aus Granit. Erwarten Sie also von Garz nirgends städtisches Kolorit.

Da geht es in Bergen anders zu! Die Insel- und Kreishauptstadt ist so stark besucht, daß es zum Kunststück wird, im Sommer einen Parkplatz zu finden. Denn zu den Einheimischen, die Behörden- und Einkaufsbesuche machen, treten ja nun die neugierigen Touristen. Mit 18.800 Einwohnern ist Bergen zehnmal so groß wie Garz. Aber erst 1613 erhielt es Stadtrecht. Was Garz im Mittelalter war, Brennpunkt und Schwerpunkt der Insel, ist Bergen heute. Seinen Namen verdankt es tatsächlich einem Berg, dem 90 Meter am Stadtrand aufragenden Rugard, der seit 1877 als Ehrung für Ernst Moritz Arndt einen 27 Meter hohen Aussichtsturm trägt, der viele Besucher anlockt.

Aber das ist nicht Bergens einziger Trumpf. Hier steht die Kirche unweit des zentralen Marktes unübersehbar im Blickpunkt und verrät dem Kunstkenner, daß für sie der Dom von Lübeck Vorbild gewesen ist. Romanisch waren die Anfänge, bis sie im 14. Jahrhundert gotisch wurde. Auch die Bergener wollten ja mit dem Stil der Zeit gehen. Jedenfalls gehört Bergens Kirche zu den ansehnlichsten Leistungen innerhalb der norddeutschen Backsteinkirchen. Leider ist die bedeutende spätromanische Ausmalung des Inneren aus dem 13. Jahrhundert nach ihrer Freilegung vor einem Jahrhundert ziemlich entstellt worden. Aber auch sonst gibt es im Kircheninneren allerlei an Kunst zu sehen, darunter einen Taufstein des 14. Jahrhunderts. Von ihm wird behauptet, er habe sich bereits in der Kirche befunden, die als Vorläufer des heutigen Baus auf dem Rugard gestanden habe.

Wer sich ein wenig Zeit für Bergen läßt, wird das Stadtmuseum im Klosterhof besuchen (täglich außer montags von 10 bis 12.30 Uhr und von 13 bis 17 Uhr geöffnet). Seine Hauptthemen sind die Inselgeschichte und die Entwicklung des 1193 hier begründeten Klosters, an das der Klosterhof noch erinnert. Die ersten Nonnen waren hierher aus dem dänischen Roskilde gekommen, so daß auch dänische Einflüsse der Kirche zugute kamen. Die ursprünglichen Klostergebäude sind verschwunden. Nur ein Rest des Refektoriums überstand die Zeit in Form des Pförtnerhäuschen für die beiden 1732 erbauten Stiftsgebäude.

Der Gegensatz zwischen Bergen und dem ein Dutzend Kilometer südlich gelegenen Putbus ist groß. Bergen, die allmählich gewachsene Stadt mit ihren vom Markt nach allen Richtungen auslaufenden Straßen. Putbus zwar kaum jünger, aber erst im 19. Jahrhundert auf Grund der Ideen des Fürsten Wilhelm Malte von Putbus zur Residenz ausgebaut und heute mit einer Einwohnerzahl von wenig über 5.000 ein beschauliches, von seiner fürstlichen Vergangenheit träumendes Städtchen ohne jede wirklich städtische Note. Die Putbusser Fürsten hatten aus mittelalterlichen Ursprüngen zu Beginn des 19. Jahrhunderts ein Schloß erbaut, das den Rang des bedeutendsten nicht-religiösen Baus der ganzen Insel hatte. Es wurde 1962 gegen den Willen der Einwohner vom DDR-Regime gesprengt. Putbus hatte für immer sein Schloß aus einer Geschichte von 400 Jahren verloren.

Immerhin - das Gesicht einer Residenzstadt ließ sich nicht völlig verstümmeln. Ausgehend vom Schloß entstand und besteht ein Stadtbild von anmutig-prunkvoller Gestalt. Das gilt nicht allein für die Repräsentationsbauten der Schloßkirche, der Orangerie, des Theaters, für Affen- und Fasanenhaus und andere, sondern auch für den Kern der Wohnhäuser, die zwischen 1815 und 1860 entstanden, wobei als Architekt J. Gottfried Steinmeyer einen wesentlichen stilbildenden Einfluß hatte. Noch einmal gelang es dem Putbusser Fürsten, mit dem „Circus" inmitten des klassizistischen Ambiente einen als Rondell geplanten und angelegten Platz inmitten der Stadt zu schaffen, von dem noch heute - dank neuerlicher Restaurierung - Harmonie ausgeht. Der Obelisk in der Mitte, 21 Meter hoch mit Fürstenkrone, soll an die aufs Jahr 1810 datierte Gründung von Putbus erinnern. Ein Denkmal für Wilhelm Malte, geschaffen 1859 von Friedrich Drake, befindet sich im großzügig angelegten Schloßpark (Foto Seite 81). Zu ihm gehört - als Anziehungspunkt für große und kleine Touristen - ein Tiergehege von 8 Hektar für Rot- und Damwild. Daß ein 1830 errichtetes Affenhaus (für verschiedene Arten) heute von der Stadtverwaltung genutzt wird, kann Anlaß für manche witzige Bemerkung sein.

Für die Gründlichkeit, mit der der phantasievolle Fürst Wilhelm Malte bei seinen Planungen vorging, sprechen die Fahrten, die er nach Bad Doberan unternahm, um sich an diesem Vorbild eines Seebades zu orientieren. So wurde - lange vor den Seebädern Mönchguts - in Zusammenarbeit mit dem Grafen Hahn schon 1816 das Seebad Putbus begründet. Für seine Stadt holte er nicht nur Arbeiter und Handwerker aus dem Umland, sondern sorgte durch präzise Anordnungen dafür, daß die Häuser (mit der Traufseite zur Straße) in Harmonie zueinander standen. „Ebenso gehen die ursprüngliche Symmetrie aller Gebäude, ihre weiße Kalktünche (die Putbus zur „Weißen Stadt" gemacht hat) und die teilweise Rosenbepflanzung auf eine fürstliche Anordnung zurück." (André Farin). Auch das „Handbuch der deutschen Kunstdenkmäler" von Georg Dehio rühmt an Putbus, daß es „ein ungewöhnlich geschlossenes, stilreines Gesamtbild" bietet. Daß hier und da (so bei der Orangerie von 1824) der berühmte Baumeister Karl Friedrich Schinkel mitgewirkt hat, tut der Initiative der Putbusser Fürstenfamilie durch ein Jahrhundert keinen Abbruch. Ohne sie (deren Besitzansprüche und -verhältnisse heute heftig umstritten sind) besäße Rügen keine Stadt von solchem Zauber und einer im Norden auffallenden eleganten Leichtigkeit.

Einzige Stadt im Norden der Insel ist - seit 1957 - mit 12.800 Einwohnern Saßnitz. Seine Entwicklung verlief wechselhaft. Ursprünglich handelte es sich um die beiden Dörfer Saßnitz und Crampas, die sich 1906 zusammenschlossen. Zu diesem Zeitpunkt hatte der Doppelort schon einen Namen als Badeort und „Sommerfrische". Große Zeit waren die Jahre vor dem Ersten Weltkrieg, als an einem steinigen Strand noch niemand Anstoß nahm, während die landschaftlichen Vorzüge der nahen Stubnitz mit den Kreidefelsen von Stubbenkammer in hellstem Licht strahlten.

Allerdings begann ebenfalls schon früh, und zwar 1897, die Karriere von Saßnitz als Ausgangs- und Endpunkt des Fährverkehrs über die Ostsee nach Trelleborg in Schweden. Die Trajekte beförderten zunächst Post und ab 1909 auch (bis heute) ganze Eisenbahnzüge übers Meer. Das Monopol, das Saßnitz in diesem Bereich für den Schwedenverkehr hatte, ging nach dem Zweiten Weltkrieg durch Ausweichlinien von Kiel und Lübeck (Travemünde) aus verloren. Allerdings war der DDR-Bevölkerung die Benutzung dieses Fährwegs gar nicht möglich.

Schon ab 1949 war die DDR bemüht, das als Badeort nicht mehr geeignete und gefragte Saßnitz industriell aufzuwerten. Fischwirtschaft und Kreideabbau wurden gefördert. Die alten Pensionen mußten modernen Hotels weichen. Seit dieser Zeit hat auch der Fährverkehr - sowohl nach Schweden als auch nach Bornholm und zu den baltischen Ländern - zugenommen. Wer aus Deutschland nach Schweden fahren will, hat heute die Wahl zwischen der Fährschiffahrt von 3 1/2 Stunden von Saßnitz nach Trelleborg (107 Kilometer) oder von Lübeck-Travemünde zum gleichen Ziel mit einer Dauer von sechs bis sieben Stunden. Als Hafenstadt hat Saßnitz heute wieder eine Zukunft.

Saßnitz mit seinem Hafen und dem Fährschiff zum schwedischen Trelleborg

„Rasender Roland" und Radlerpiste

Es gibt sie wahrhaftig noch, die gute alte Kleinbahn auf Schmalspur-schienen. Jedenfalls auf Rügen. Als „Insel-Express" hat sie noch in den achtziger Jahren Rügen-Historiograph Herbert Ewe benannt. Heute ist nur noch vom „Rasenden Roland" die Rede. Wer je mit dieser Bahn in anmuti-gen Windungen durch den Wald der Granitz gefahren ist, wobei dem Jagd-schloß inmitten der Wälder eine einsame eigene Haltestelle gewidmet ist, der liebt dieses - im wahrsten Sinne des Wortes - „Dampfroß", das so wohltuend, durchaus nicht rasend, zu dem lebhaft jagenden Autoverkehr (vor allem der Einheimischen...!) ein besinnliches Gegenstück bildet. Mit dem unüberhörbar pfeifenden „Roland" sollte jeder Rügenbesucher min-destens einmal gefahren sein - am besten in Begleitung seines Fahrrads, das hier so bequem und günstig mitgeführt werden kann.

1995 werden genau hundert Jahre verstrichen sein, daß diese Bahn mit dem Beginn in Altefähr an einem 23. Juli auf ihre erste Fahrt ging - ebenso schnaubend, prustend und dampfend, wie wir sie heute erleben. 1896 war Sellin erreicht, 1899 schließlich Göhren. Freilich ging das Schwergewicht der ursprünglich einen großen Teil der Insel erschließenden Bahn inzwischen auf die Verbindung der maßgeblichen Badeorte über. Göhren und Putbus sind heute die Endpunkte - 24 Kilometer werden (es läßt sich nicht leug-nen) in 75 Minuten zurückgelegt. Das entspricht einer Durchschnittsge-schwindigkeit von 19 Stundenkilometern. Aber was für nostalgisch-stim-mungsvolle Kilometer!

Nun führte die Bahnstrecke ja ursprünglich von Pubus noch weiter, nämlich bis Altefähr. Dieser Streckenabschnitt ist inzwischen längst abgerissen wor-den. Aber die Landschaft läßt die Schienenführung durchaus noch erken-nen. Sie mußte sich - das gilt für die gesamte Strecke, wie die Schlängellinie der Karte erkennen läßt - danach richten, inwieweit Grundbesitzer und Bauern bereit waren, den Weg der Bahn verlaufen zu lassen. Man fürchtete dazumal, das Vieh könnte gefährdet werden oder aber das schlecht bezahl-te Dienstpersonal könnte die Bahn benützen, um anderswo als auf dem heimischen Gut arbeiten zu fahren. So streng und kleinkariert waren eben damals die Bräuche.

Aber auch wenn keine Kleinbahn mehr Putbus und Altefähr verbindet, so hat man in den letzten Jahren eine großartige Idee verwirklicht: Aus der Bahnlinie ist eine Piste für Radfahrtouristen geworden. Sie können nun ein Stück der Insel auf dem Fahrradsattel genießen, das bisher gegenüber den Badeorten vernachlässigt wurde. Wir wollen sehen, wohin uns der Rad-fernweg der Insel führt.

5

Eine „Autobahn" für Radfahrer

Beim Start von Putbus aus müssen wir uns vom Bahnhof durch Bahnhof-
und Marienstraße zur Stadtmitte (Circus) westlich orientieren und von hier
rechts der Straße in Richtung Bergen folgen. Hinter dem Ortsende nach einem Kilometer beginnt links der Straße mit Lindenallee der Radweg.

Unsere erste Etappe führt nördlich von Putbus, unweit der Häuser von
Darsband, nach Neu-Güstelitz, wo wir ein Stück der allgemeinen Fahrstraße folgen. Wir passieren das Südende des Pastitzer Forsts und erreichen
durch ein Waldstück Ketelshagen. Jetzt leitet uns der Weg im Wechsel
durch Feld und Wald. Vielfach werden Kies und/oder Ton abgebaut. Links
der Strecke bemerken wir einen kleinen Teich. Wir lassen das Dorf Kowall
rechts liegen und stoßen, nunmehr 10 Kilometer von Putbus entfernt, auf
die Fahrstraße, die Garz über Sehlen mit Bergen verbindet.

Hier, am nördlichen Stadtrand von Garz, überqueren wir die Fahrstraße
und biegen kurz darauf links, um die kleine Stadt westlich zu passieren.
Aber halt!

Wer **Garz** bisher nicht kannte, müßte jetzt einen Besuch der Stadt, ihres Museums
(s.Seite 52) und seiner Kirche einschieben. Diese Kirche liegt südlich vom Garz, im Dorf
Wenddorf.

Der Garzer See trennt unsere Rad-Avenida von der Kirche. Ihn umrundet
ein Wanderweg. An seinem Südende läßt sich in Renz ein Blick auf das alte
Gutshaus von 1600 mit seinem runden Treppenturm werfen - heute mit
Wohnungen aufgegliedert. Weiter geht es, ziemlich gradlinig, über Swantow
und auf Kopfsteinpflaster, zur Fahrstraße.

So bescheiden **Swantow** auch ist - eine **Backsteinkirche** mit zusätzlichen Feldsteinen fehlt nicht. Sie wurde 1464 fertig erbaut und später mehrfach ergänzt. So kam
der Turm im 16. Jahrhundert hinzu und wurde 1785 durch Fachwerkteile bereichert. Das
Innere ist von dörflicher Schlichtheit.

Unser Radweg biegt von der Straße scharf nach rechts ab, wobei wir nun -
wie einst die Kleinbahn - an der Straße entlang und durch Nepermitz rollen. Es ist ganz amüsant zu verfolgen, wie die Bahnstrecke hier auf einem
erhöhten Damm, manchmal aber auch tiefer, verlief. Wir überqueren den
Abzweig der Straße nach Garz und blicken nun schon auf den vor uns aufragenden Kirchturm von Poseritz.

Das **Gotteshaus** von **Poseritz** wurde auf einer Anhöhe erbaut und befindet sich seit
1988 in einer umfassenden Restaurierung, die 1995 abgeschlossen sein soll, vorausge-

setzt, daß bis dahin genügend Spenden eingegangen sind. Der ursprüngliche Kirchenbau wurde kurz nach 1300 begonnen und während des 14. Jahrhunderts beendet. Die Ausstattung des Inneren spiegelt sozusagen alle seitdem vergangenen Jahrhunderte, etwa die elegante Kanzel von 1755 oder die ansehnlichen Patronatsstühle für die „Herrschaft", die 1598 und 1610 aufgestellt wurden. Eine große Triumphkreuzgruppe entstand zu Beginn des 16. Jahrhunderts, eine kleinere ein Jahrhundert früher. Kurzum: Falls die Kirche bei Ihrem Besuch wieder intakt ist, lohnt der Besuch durchaus.

Hinter dem Dorf, unterhalb des Schmiedbergs, führt uns der Radweg nach Süden, quer durch die Feldmark mit den bäuerlichen Siedlungen von Luppath, Glutzow und Venzwitz, wobei wir uns allmählich dem Strelasund nähern. In Venzwitz muß unser Weg (wie einst die Bahn) wieder einen merkbaren Winkel nach rechts schlagen. Damit erreichen wir Gustow.

Auch in **Gustow** verdient in erster Linie die erhöht inmitten des alten Friedhofs stehende **Kirche** unsere Aufmerksamkeit, auch wenn wir von der westlich verlaufenden Radpiste einen kleinen Abstecher machen müssen. Einen Turm hat diese Kirche nicht. Der schlichte, 1935 restaurierte Backsteinbau aus dem 13./14. Jahrhundert verdiente bald wieder eine Auffrischung. Immerhin kamen 1935 im Inneren Wandmalereien aus der Zeit von 1420, mit so typischen Figuren wie Georg mit dem Drachen, der heiligen Elisabeth und ein Christophorus ans Licht. Lassen Sie sich also möglichst Zeit für eine Besichtigung und wenden Sie sich, wenn geschlossen ist, an den zuständigen Pfarrer. Schon von der Straße freilich fällt der Granitstein der „**Mordwange**" von 1510 mit Kruzifix und Engeln ins Auge - eine wohl düstere Erinnerung an eine mittelalterliche Untat.

Hinter Gustow öffnet unser Radweg durch die Felder, vorbei an Klein Bandelvitz, den ersten Ausblick auf Stralsund und den Strelasund. Letzteren erreichen wir unmittelbar bei der Weiterfahrt.

Das dortige **Gasthaus "Grahler Fähre"** kennen die Stralsunder als uriges Ausflugslokal. Hier scheint die Zeit stehengeblieben zu sein. Das zeigen schon die Gartenmöbel. In dem vom Zahn der Zeit nicht verschonten Backsteinhaus ist alles, einschließlich der ausgetretenen Bodenplatten des Flurs, nach alter Väter Sitte. Die freundliche Wirtin, die soviel Sinn für Tradition hat, freut sich über Besucher. Also verlassen wir kurz unseren Weg und wenden uns an den vier in Kugelform geschnittenen Linden vorbei zum Eingang der Gastwirtschaft. Sie ist heute auch ein Stützpunkt für Surfer und anderen Wassersportler. Schwäne ziehen ihre Bahn im Wasser, aus dem der Rügendamm aufsteigt. Früher verband eine Fähre dieses Gasthaus am Strelasund mit dem Festland.

Den Hinweis auf die Fähre trägt der folgende Ort schon im Namen: Altefähr. Um dorthin zu kommen, radeln wir zunächst an der Küste entlang und unter der Eisenbahnstrecke hindurch.

Wer per Rad nach **Stralsund** hineinwill, kann auf den Radweg einschwenken, der im Zug des Rügendamms in die Hansestadt (s. Seite 152) führt, vorbei an der landnahen Insel Dänholm.

Wenn wir uns für die direkte Strecke nach Altefähr entscheiden, fällt unser Blick auf die unübersehbaren Windräder eines sogenannten **Windparks**, der 1500 Haushalte Rügens mit Strom versorgt, was sich aus der geflügelten Leistung von 2,4 Megawatt ergibt. Die Windräder sind 31 Meter hoch und kosteten nahezu 7 Millionen Mark.

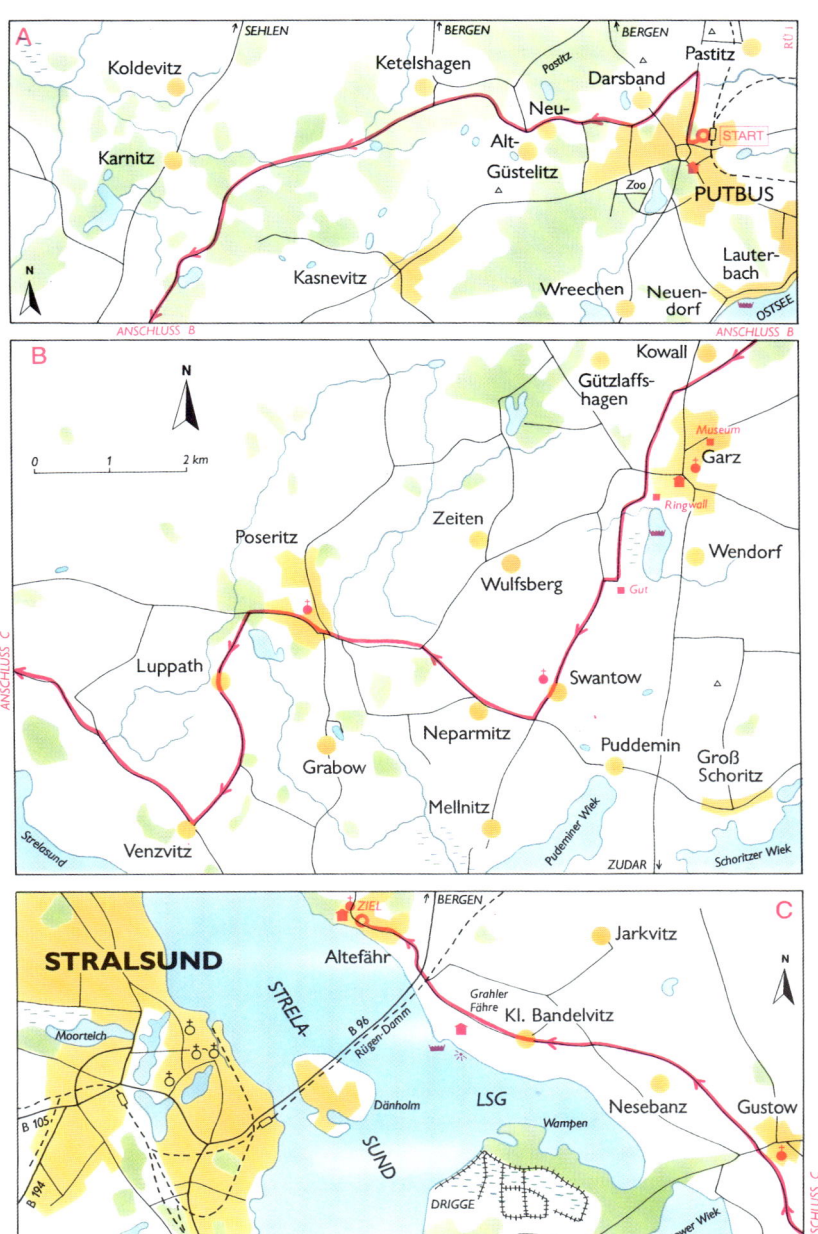

A

↑SEHLEN ↑BERGEN ↑BERGEN

Koldevitz
Ketelshagen
Pastitz
Darsband
Neu-
START
Alt-
Güstelitz
Karnitz
Zoo
PUTBUS
Kasnevitz
Lauter-
bach
Wreechen
Neuen-
dorf
OSTSEE
N

ANSCHLUSS B
ANSCHLUSS B

B

N

Kowall
Gützlaffs-
hagen

Museum
Garz
Ringwall
Wendorf

0 1 2 km

Poseritz
Zeiten
Wulfsberg
Gut

Luppath
Swantow

Neparmitz
Grabow
Puddemin
Groß
Schoritz
Mellnitz
Strelasund
Puddeminer Wiek
ZUDAR ↓
Venzvitz
Schoritzer Wiek

ANSCHLUSS C

C

ZIEL
↑BERGEN

STRALSUND
Jarkvitz
Altefähr
Grahler
Fähre
Kl. Bandelvitz
STRELA
B 96
Rügen-Damm
Moorteich
Nesebanz
Gustow
LSG
Dänholm
Wampen
B 105
SUND
DRIGGE
B 194
Drigge
Gustower Wiek

N

ANSCHLUSS C

59

Altefähr verkörpert Inseltradition. Hierher trugen schon vor weit über einem Jahrtausend Fährschiffe in Form von Ruder- oder Segelboten die Bewohner Stralsunds nach Rügen - und umgekehrt. Handel und Wandel liefen bis zum Bau des Rügendamms und der Aufnahme des Eisenbahnverkehrs über Altefähr. Von 1883 an trugen zwei und zeitweise drei Trajekte die Züge (mit maximal acht Wagen) über Wasser. Für Autos wurde in den zwanziger Jahren eine weitere Fährverbindung eingerichtet. Mit dem Rügendamm von 1936, einem „Jahrhundertbauwerk", jedenfalls für die Stralsunder und Rüganer, kam der Fährverkehr zum Erliegen. Altefähr versank am Rand der Fahrverbindungen für den aktuellen Verkehr in Bedeutungslosigkeit. Allerdings: nach wie vor ist ein lebhafter sommerlicher Schiffsbetrieb in Gang, der vor allem Ausflüglern und Touristen dient.

Altefähr, ein Dorf von 1100 Einwohnern, hat aus den Veränderungen in seinem Umfeld und seiner Bedeutung das beste gemacht. Da gibt es ein Kurhaus mit einem Kurpark. Da ist der vom Meer gefährdete Strand befestigt worden. Immerhin stellt Altefähr ja den einzigen Badeort an Rügens Südküste dar - sozusagen Stralsunds freizeitfreundliches Gegenüber. Eine ansehnliche Ansammlung von Strandkörben läßt nicht daran zweifeln, daß man als „Strandbad" auf Besucher wartet. Freilich muß man schon hier oder in der Nähe übernachten, um ein besonders anziehendes Bild genießen zu können: den Blick auf das abendlich oder nächtlich erleuchtete Stralsund mit seinen Türmen, gleichsam das Belvedere der Hansestadt. Was würde wohl der im nahen Greifwald geborene Caspar David Friedrich dazu sagen, der soviel von der Stimmung Rügens in seinen Bildern festgehalten hat?! Auch die moderne Zeit hat ihre Romantik.

Das historische Altefähr freilich verkörpert am eindringlichsten seine alte **Kirche**. Sie entstand als Backsteinbau in der zweiten Hälfte des 15. Jahrhunderts. Der Westturm wurde vor drei Jahrhunderten durch ein Oberteil von Fachwerk und einen achtseitigen Helm bereichert. Die innere Ausstattung stammt vielfach aus dem 17. Jahrhundert.

Sicher ist Altefähr, das mit so viel Inselgeschichte verbunden ist, der passende Gegenpol zum Ausgangspunkt unseres Radwegs: die Residenzstadt Putbus. Die beiden Rügen-Orte verkörpern zwei gegensätzliche Welten. Gemeinsam mit dem bäuerlich-landwirtschaftlichen Umfeld, das wir durchrollt haben, gehört diese neue „Chaussee" für Radfahrer zu den Besonderheiten, die einen Stern im Reiseführer verdienen.

Toureninfos

 Einfach 33 km, Hin- und Rückfahrt (falls nicht eine abweichende Strecke zurück gewählt wird) mindestens 66 Kilometer (ohne Abstecher).

 Bahnhof in Putbus.

 Der Streckenverlauf ist von der einstigen Anlage der Bahntrasse abhängig, so daß Umwege auf Grund einstiger Besitzverhältnisse nicht zu vermeiden sind. Dennoch sollte der zügige Verlauf der neuen Piste nicht dazu verleiten, auf Abstecher zu verzichten. Sie soll ja den Zugang ohne Beeinträchtigung durch Autos erleichtern, nicht aber beim gefahrlosen Rollen vergessen lassen, was da alles am Wegrand zu sehen ist.

 In Putbus zahlreiche, in Garz einige. Grahl: Gasthaus Grahler Fähre (Terrasse) Altefähr: Einige.

 Putbus im Stadtteil Lauterberg, Garzer See, Strelasund bzw. Ostsee.

*Älteste Stadt Rügens ist Garz
mit der Stadtkirche St. Petri aus dem 14. Jahrhundert*

6

Mönchgut muß man lieben

Info Die Bezeichnung "**Mönchgut**" für die am weitesten nach Osten reichende, in der Art eines Kraken verzweigte Halbinsel besteht seit 1360. Auch wenn heute von Mönchen nichts mehr zu sehen ist, erhielten durch Lehen oder Kauf die Zisterziensermönche des Klosters Eldena bei Greifswald (siehe Seiten 146 und 159) im Verlauf des 13. und 14. Jahrhunderts dieses Inselgebilde als Besitz. Sie taten das Klügste, was sie tun konnten: Bauern aus Niedersachsen wurden geholt, siedelten sich an und blieben als Bauern und Fischer hier, auch wenn die Reformation die Mönchsherrschaft beendete.

Wer das Mönchgut von heute besucht, wird nicht fassen, daß im Mittelalter alles bewaldet war. Heute finden weithin nur Schafe oder Kühe ihre Nahrung auf dem verkümmerten Boden. Dennoch ist diese ein knappes Dutzend lange und wenige Kilometer breite Landschaft schön und abwechslungsreich. Im Verlauf unseres Jahrhunderts, vor allem nach dem Ersten Weltkrieg, haben die Urlauber der Mönchgut-Badeorte Göhren, Baabe und Sellin sie „entdeckt" und schätzen gelernt - zuerst zu Fuß oder mit dem Schiff, danach mit dem Auto und in zunehmendem Maß heute mit dem Fahrrad. Inzwischen sind aus den Fischern, die es freilich immer noch gibt, auch Vermieter geworden. Unter Rohrdach (wie hier das Reetdach heißt) lebt es sich gemütlich. Seit 1990 floriert der Tourismus.

Göhrens Bahnhof ist unser Ausgangspunkt. Hier sind auch ausreichend Parkplätze und Fahrradverleih vorhanden. Vom Bahnhof wenden wir uns links ansteigend ins Ortsinnere, vorbei an Tennisplätzen und Waldrand. Nach 600 Metern zweigt links der Weg zum Nordperd (Travel-Hotel) ab.

 Kurz darauf zeigt sich **Göhren** mit zwei **Museen** von seiner kulturellen Seite. In einem bodenständigen Haus des 19. Jahrhunderts befindet sich das Heimatmuseum für Ethnographie, Geschichte, Geographie und Fremdenverkehr. Im Museumshof steht eine bäuerliche Hofanlage mit historischer Note.

Von der Strandstraße zweigen wir links ab, und abwärts geht es auf Kopfsteinpflaster in die Thiessower Straße in Richtung Lobbe. An der Gabelung rechts und weiter abwärts auf etwas rauher Straße. Wer will, kann auf Fußweg ausweichen, bis die Straße geteert ist. Links haben die Fischer ihre Boote und Geräte. Der Blick erfaßt das Nordperd.

 Einen Kilometer von der Ortsmitte erreichen wir das **Museumsschiff „Luise"**, das dritte der Mönchguter Museen. Es ist von farbigen Bojen umrahmt. Der einstige Motorsegler erinnert an die inseltypische Frachtschiffahrt der Vergangenheit.

Mit oder ohne Besichtigung fahren wir geradeaus weiter, vorbei am Sportplatz und an einer Ferienhauskolonie. Beim weiten Ausblick zeigen sich die ersten Schafe, aber auch das erste Hotel, dem ein weiteres und einige Ferienheime folgen. Nach 2 Kilometern haben wir Lobbe mit seinem etwas be-

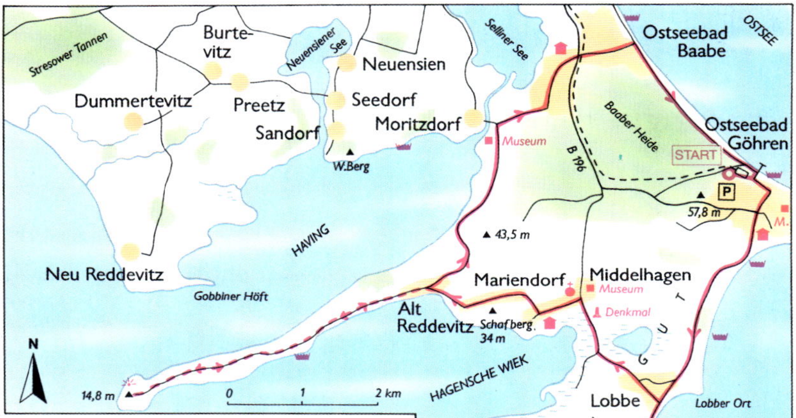

Stresower Tonnen

Burte-
vitz

Neuensiener See

Neuensien

Dummertevitz

Preetz

Seedorf

Sandorf

Moritzdorf

W. Berg

HAVING

Neu Reddevitz

Gobbiner Höft

Selliner See

Ostseebad
Baabe

OSTSEE

Baaber Heide

B 196

Museum

START

Ostseebad
Göhren

P

57,8 m

M.

▲ 43,5 m

Mariendorf

Middelhagen

■ Museum

▲ Denkmal

Alt
Reddevitz

Schafberg
34 m

MÖNCHGUT

Lobbe

Lobber Ort

HAGENSCHE WIEK

14,8 m ▲

0   1   2 km

Gager

Groß Zicker

M

Großer Strand

Kirkenort

Zicker-See

38,2 m

Saalsufer

Klein Zicker

RÜGISCHER BODDEN

Thiessow

Südperd

35,6 m

RÜ 2

N

---

tagten Strandhotel erreicht, ein paar Gaststätten liegen danach an der Fahrstraße. Göhrens Südstrand geht in den von Lobbe über.

Info

Daß man Selbstverständliches auch umständlich ausdrücken kann beweist die Kennzeichnung des südöstlichen Rügen als **„Biosphären-Schutzge-biet"**. „Ungebildete" Leute würden von Natur- oder Landschaftsschutz sprechen, aber mit Biosphäre klingt es weit pompöser...! Das Schutzgebiet umfaßt die Küste bis über Binz hinaus und die Landschaft zum Greifswalder Bodden hin, dicht an Putbus heran. Hier sollen wir - mit Recht - besonders sorgsam mit der Landschaft umgehen.

Aus Lobbe fahren wir auf schmalem Radweg, an Campingplätzen entlang, in Richtung Thiessow. Von der Küste trennt uns ein allmählich breiter werdender Kiefernwald, durch den wir auf Zuwegen immer wieder rasch den Strand erreichen. Vielleicht ein Bad gefällig? Im Sommer ist hier allerlei Betrieb. Unser Blick erfaßt den Zickersee. 4 Kilometer hinter Lobbe haben wir Thiessow (s. Seite 51 und 64) erreicht. Hier ist das Südperd nahe, mit dem Mönchgut am südöstlichsten ins Meer ragt.

Tip

Wer übers Meer schaut, kann in etwa 10 Kilometer Entfernung Usedoms Nordwest-zipfel mit Peenemünde erspähen.

Tip

Das 450 Einwohner zählende **Thiessow** vermittelt noch den Eindruck einer „Sommerfrische", die sich wohl eines Tages zum richtigen Seebad mausern wird. Der ansehnliche Strand mit gutem Sand und klarem Wasser ist ebenso zum Surfen wie zum Baden - Textil oder FKK nach Wunsch - geeignet.

Aussicht wird auch beim weiteren Weg durch Thiessow und nach Klein Zicker groß geschrieben. Den schönsten Blick hat man vom 38 Meter hohen Lotsenberg.

Wir radeln gemächlich durch Thiessow und im Rechtsbogen nach Klein Zicker, von viel Campinggelände begleitet. Im 1,5 Kilometer entfernten Dörfchen genießen wir die Rohrdächer der Dörpstrat, in deren Nähe die Fischer ihren Fang ans Land bringen. Oberhalb von Klein Zicker erheben sich begraste aussichtsträchtige Hügel, ebenfalls 38 Meter hoch. Hier ist Mönchguts Welt angesichts des Zickersees erst einmal zu Ende, so daß wir eine etwa 5 Kilometer lange Rückfahrt antreten müssen. Die Strecke ist bekannt.

Tip

Als Abstecher bieten sich Fahrten in Richtung Groß Zicker oder Gager an. Sie lohnen sich unbedingt. Wir passieren die rechts gelegene Mönchguter Grundschule (mit Trachtenbild). Nach 750 m müssen wir uns an der Gabelung entscheiden, wohin wir zuerst fahren.

Info

Links führt unsere Strecke nach **Groß Zicker**. Die Schafe am Weg erinnern daran, daß hier im Umkreis eine wetterharte pommersche Schafsrasse mit schwarzen Köpfen gezüchtet wird. Das Dorf ist richtig liebenswert - fast ausschließlich Rohrdächer. Das wichtigste alte Haus ist das um 1720 errichtete **Pfarrwitwenhaus**, das einem Zuckerhut ähnelt und von einem urtümlichen Bauerngarten umgeben ist. Das nahe Hügelgelände des **Zickerschen Höft** ist dem Fahrrad verschlossen. Vielleicht schieben wir eine kleine Fußwanderung ein. Nicht übersehen dürfen wir im Dorf die kleine **Backsteinkirche** von Ende des 14. Jahrhunderts, deren Chorausmalung vor 25 Jahren freigelegt wurde. Die bunten Scheiben im Chor stammen von 1600. Alles in allem ein Bilderbuchdorf mit dazu passender Kirche, die für ihre Orgelkonzerte bekannt ist.

Wir kehren, falls wir nicht in einer der Gaststätten einkehren, zur Gabelung zurück. Für die Fahrt nach Gager halten wir uns auf der Fahrstraße links durch den Wald. Sobald er endet, erblicken wir rechts das **Jagdschloß Granitz** (s. Seite 72).

Rasch sind wir in **Gager**, das zum Teil ein älterer Fischerort, zum Teil eine neue Wohnsiedlung ist. Am Fischerhafen arbeitet eine kleine Schiffswerft.

Jetzt kehren wir erneut um, bis wir abermals Lobbe erreicht haben. Nun halten wir uns links und verlassen damit unseren Hinweg.

Info

Auf breiter Teerstraße stoßen wir rechts auf ein technisches Denkmal: ein **Schöpfwerk**, von denen es früher, vom Wind angetrieben, 18 auf Rügen gab. Dieses hier ist das letzte. Es konnte 5 Quadratkilometer Gelände entwässern. Es wurde 1900 erbaut und 1955 stillgelegt, jedoch vor ein paar Jahren als Schauobjekt rekonstruiert.

Wir fahren weiter nach Middelhagen, das mehrere Dorfteile in sich vereinigt und nahe der Hagenschen Wiek des Rügischen Boddens die Vorzüge von offener See und Binnenküste vereint.

Zu besichtigen gibt es in **Middelhagen** zweierlei: In der **Back- und Feldsteinkirche** des 15. Jahrhunderts steht der älteste Schnitzaltar der Insel (1480), der mit seinen Figuren und Bildern insbesondere von der hl. Katharina zu erzählen weiß. Die Kirche ist im Sommer Schauplatz von Konzerten. Zum Mönchguter Museumsbetrieb gehört das hiesige **Schulmuseum**.

In Kleinhagen erfreut uns auf dem Weg nach Alt-Reddevitz eine Reihe von Rohrdachhäusern. Wir können dem Wegweiser folgen, der uns zuerst nach Mariendorf führt. Wir rollen an der Hagenschen Wiek entlang, bis wir Alt-Reddevitz erreicht haben.

Links führt ein breiter, holpriger Schotterweg zu dem schmalen Finger, der als "**Reddevitzer Höft**" weit ins Meer hinausragt. 3,5 Kilometer ist er lang und um 30 Meter hoch. Als "Höft" bezeichnet man hierzulande den Kopf einer Mole.

Mehr als 200 Einwohner hat **Alt Reddevitz** nicht. Mit dem Strand ist hier nicht viel los. Aber Campingplatzgäste kommen zahlreich. Da die Häuser des Dörfchens nur eine Zeile bilden, besagt eine Redensart, hier werde auch der Pannekoken nur auf einer Seite gebacken...

Aus Alt-Reddevitz fahren wir in Richtung aufs Campingdorf über einen Plattenweg hinaus, durch Wiesen und Felder. Nach einem Kilometer folgen wir an der Kreuzung links dem Weg in Richtung Moritzdorf. Mit ihm müssen wir ansteigend den grasigen Berg überqueren und danach parallel zur Having, einer Bucht des Rügischen Boddens, zum Bollwerk von Baabe fahren.

An der Mole liegt ein Museumsschiff mit Kneipe.

Gegenüber erblickt man das beschauliche Dörfchen **Moritzburg**. Der Fährmann von Deutschlands kleinster Fährverbindung rudert uns auf Wunsch hinüber: ein reizvoller Abstecher.

Vor dem Rondell des Bollwerks rollen wir rechts auf der Teerstraße landeinwärts. Ein natürlicher Radweg führt „Am Wäldchen" entlang. Nach 800 Metern folgen wir dem Wegweiser links zur Kurverwaltung von Baabe. Einen knappen Kilometer weiter haben wir die B 196 erreicht, überqueren sie und kommen zum Strand. Davor tragen wir unser Rad ein paar Stufen rechts hinauf und benutzen den Uferweg durch das Waldgebiet der Baaber Heide, der sich auf Göhren hin bewegt. Da wir auf Strandhöhe sind, müssen wir hinter dem Bahnhof den steil ansteigenden Weg zur Strandstraße nehmen und können rechts den Endpunkt des „Rasenden Roland" erreichen.

Von Baabes Bilderbuch-Strand geht der Blick zur bewaldeten Steilküste von Sellin

Toureninfos

km Mit allen Abstechern ca. 45 km. Für die Abstecher Groß Zicker und Gager können 7,5 km, für den Abstecher Reddevitzer Höft 8 km abgezogen werden. Dann ergibt sich eine verkürzte Strecke von 30 km.

START Bahnhof in Göhren.

🚴 Es sind drei Steigungen zu überwinden: die Strandstraße in Göhren, der Weg über den Moritzberg und das abschließende Stück zum Bahnhof Göhren zurück. In der Hochsaison kann das Fahren über reguläre Straßen gelegentlich etwas mühsam werden, da auf Mönchgut starker Autoverkehr besteht.

🍴 Sie finden sich im Verlauf der ganzen Strecke so reichlich, daß eine Nennung einzelner Lokale eher willkürlich wäre.

👑 Beinahe unbegrenzt am Strand der Ostsee oder an der Boddenküste.

🕐 Göhren, Heimatmuseum mit Museumshof: im Sommer tägl. außer Mo 10-20 Uhr, sonst nur bis 17 Uhr; Museumsschiff "Luise": Mai bis Sep 10-18 Uhr, Di geschl.; Groß Zicker, Pfarrwitwenhaus: Die-Sa 9-12 und 15-18 Uhr, So 14-18 Uhr.

7

Mönchgut läßt uns nicht los

Info

Mönchgut, die krakenartig gegliederte Halbinsel, hat noch mehr Anziehungspunkte, als wir in der vorhergehenden Tour kennengelernt haben. Vor allem läßt sie sich nicht nur von Göhren, sondern auch von Baabe oder Sellin aus gut befahren. Wenn nötig, ist auch der „Rasende Roland" bereit, uns an den einen oder anderen Ausgangspunkt zu befördern.

Diesmal erfolgt unser Start vom Bahnhof Sellin aus, der sich dicht an der B 96 befindet. Auch hier fehlen für Autofahrer die Parkplätze nicht. Wir wenden uns auf dem Naturradweg neben der Bundesstraße nach rechts - allgemeine Richtung Baabe. Sobald wir die Straßenkreuzung in Baabe nach 2 Kilometern erreicht haben, radeln wir rechts und folgen der Straße durch das Dorf im Linksbogen, bis wir nach einem Kilometer auf die Querstraße stoßen. Auf ihrem natürlichen Radweg halten wir uns rechts und erreichen (siehe Seite 65) das Baaber Bollwerk.

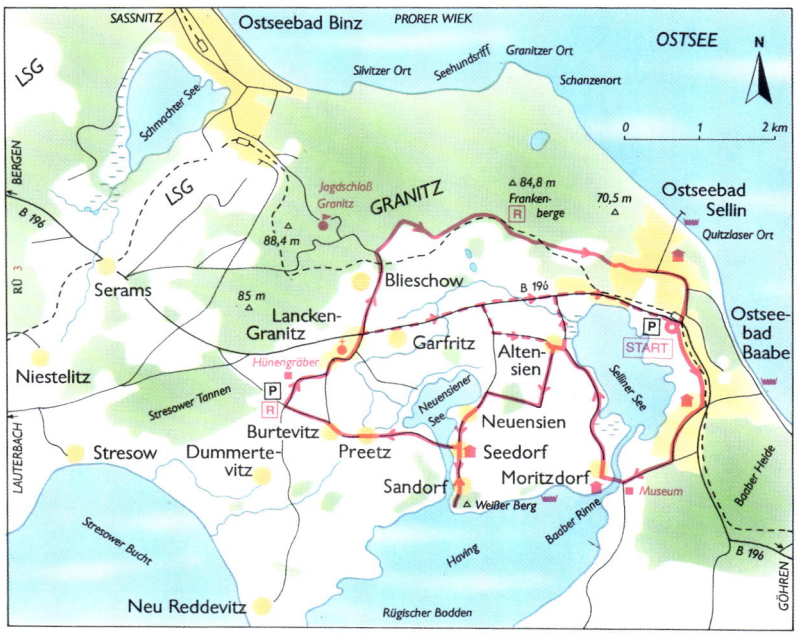

Am **Baaber Bollwerk** liegt nicht nur das **Museumsschiff Asgard**, sondern von hier aus läuft auch das Ausflugsschiff MS Lamara zu verschiedenen Zielen aus. Das Bollwerk befindet sich an dem schmalen Wasserarm, der die Bucht Having mit dem Selliner See verbindet. Zum Glück ist noch niemand auf die Idee gekommen, diese sogenannte „Baaber Rinne" oder auch „Baaber Bek" zu überbrücken.

So vertrauen wir also uns und unseren rollenden Begleiter dem Ruderboot an, das heute wie vor 60 oder 80 Jahren die kurze Überfahrt nach Moritzdorf ermöglicht.

Tip

Über **Moritzdorf** thront als beliebtes Ausflugslokal die **Moritzburg**, bei der von einer Burg (wie bei der sächsischen Namensvetterin bei Dresden-Radebeul) allerdings nichts (mehr?) zu erspähen ist. Um die gastliche Stätte auf der Berghöhe mit entsprechender Aussicht zu genießen, müssen wir allerdings unser Fahrrad stehen lassen und den steilen Weg nach oben zu Fuß in Angriff nehmen. Lang ist er ohnehin nicht.

Von der Fähre her gesehen, halten wir uns in Moritzdorf, vorbei an hübschen Rohrdachkaten, rechts und radeln am Selliner See entlang. Nach 2 Kilometern sind wir in einem Linksbogen in Altensien, am Westufer des Selliner Sees, den wir auf unserer bisherigen Fahrstrecke zu drei Vierteln - wenn auch teilweise mit Abstand - umrundet haben.

In Altensien haben wir die Wahl unter zwei Strecken. Die eine führt auf Kopfsteinpflaster gerade durchs Dorf und unter hohen Bäumen abwärts, wobei wir beim Jonglieren zwischen vielen Schlaglöchern den Ausblick zum Jagdschloß Granitz genießen. Wir stoßen nach einem Kilometer auf eine schmale Teerstraße, der wir unter dem Laub hoher Bäume nach links folgen. Damit erreichen wir Neuensien und seinen See.

Tip

Alternativ biegen wir in Altensien nahe dem Ortsende beim Reit- und Pferdehof links ab, dann schwenken wir auf die Betonstrecke links, der bald ein Grasweg folgt, der uns rechts ansteigend in die Felder bringt. Im Rechtsbogen rollen wir durch ein Wäldchen abwärts und haben nach 2 Kilometern Neuensien erreicht.

Rechts liegt die Pferdefarm Ost-Rügen. Wir fahren nach Süden am Neuensiener See entlang durchs Dorf mit Kopfsteinpflaster, das beinahe nahtlos in Seedorf übergeht. All diese Dörfer sind noch Teile von Sellin.

Südlich an Seedorf schließt sich der bewaldete **Weiße Berg** an der Having an, der seinen Namen von einer ursprünglichen Dünenhöhe erhielt. Ein Fußweg führt auf die bescheidene Höhe.

Wir wenden und fahren zu Seedorfs idyllisch-bescheidenem Hafen zurück, bei dem Fischer- und Sportboote vor sich hindümpeln. Hier führt auch eine hölzerne Brücke über den Ausfluß des Neuensiener Sees zur Having. Hafen, Seefläche und das ferne Jagdschloß verbinden sich zu einem anheimelnden Panorama. Hinter der Brücke steigt der Schotterweg an, um auf der Höhe einen neuen Aussichtsaspekt zu vermitteln. Abwärts rollen wir auf der zweispurigen Betonbahn zwischen den Feldern und mit dem Naturschutzgebiet. Winzige Dörfchen reichen sich die Hände. Es sind Preetz und Burtevitz mit rohrgedeckten Hütten. Wieder folgen ein Anstieg mit Blick von der Höhe und eine Abwärtsfahrt bis zur 1,5 km entfernten Kreuzung mit einer Schutzhütte.

Hier erreichen wir eine beachtliche Ansammlung von **Hünengräbern,** die über eine hügelige Landschaft verstreut sind. Rügen ist reich an diesen Zeugnissen der Vorzeit: 27 Orte besitzen mehr als 50 Gräber, die rund 4.000 Jahre alt sind, dazu 500 bronzezeitliche Hügelgräber. Nicht „Hünen" oder Edelleute errichteten sie, sondern die hier damals ansässigen Bauern. Allen Respekt vor der Geschicklichkeit, mit der sie die mächtigen Findlinge (weit über ein Dutzend Tonnen schwer!) transportierten und anordneten. In ihrer Art sind es Gegenstücke zu Ägyptens Pyramiden...

Von der Schutzhüttenkreuzung fahren wir auf schmaler Teerstraße rechts, wobei der Turm des Jagdschlosses nun schon näherrückt. In Lancken-Granitz steigt die Strecke an.

In **Lancken-Granitz** fahren wir rechts und weiter auf und ab, um links im Bogen zur **Kirche** zu gelangen. Auch sie vereinigt Back- und Feldsteine und entstand mit ihrem (etwas späteren) viereckigen Turm im Lauf des 15. Jahrhunderts. Jüngeren Datums ist das etwas unterhalb angesiedelte **Fachwerk-Pfarrhaus** aus dem 18. Jahrhundert.

Wenn wir aus dem Dorf die betriebsame B 196 erreicht haben, müssen wir uns entscheiden.

Die beiden kürzeren Möglichkeiten: Entweder auf der (einstweilen noch radweglosen) Bundesstraße an ihrem schmalen Grasrand mehr oder minder mühsam und wenig ergötzlich bis an Sellins Ortsrand.

Oder aber der B 96 lediglich knapp 2 Kilometer folgen und durch einen Abzweig rechts mit einem Umweg über Neuensien und Altensien (auf teilweise bekannter Bahn) Sellin erreichen.

Schöner, wenn auch länger, ist freilich eine andere Wegführung. Wir überqueren vom Dorf Lancken-Granitz die Bundesstraße und nehmen, ansteigend über Kopfsteinpflaster und durch eine Kastanienallee, Kurs auf das hier und da durchblickende Jagdschloß (siehe Seite 72). Wir passieren den Bahnhof Garftitz, überrollen die Gleise, bis der Wald beginnt. Von hier sind es nur noch 600 Meter bis zum Jagdschloß. Das lassen wir aber links liegen und biegen vor dem schmucklosen Ziegelbau der Revierförsterei Granitz rechts in den sandigen Schotterweg, der durch eine Schranke in den Wald führt. Bis Sellin sind es nun mit Anstieg und Gefälle an Wald- und Feldrändern, teilweise auch an der Bahnstrecke entlang, noch etwa viereinhalb Kilometer. Wir bewegen uns hier im insgesamt 982,5 Hektar großen Naturschutzgebiet (s. Seite 63). Durch den Wald erreichen wir eine Lichtung und einen überdachten Picknickpavillon an einer Wegkreuzung. Hier halten wir uns rechts, überqueren die Bahn, wenden uns aber an der Gabelung links, so daß wir parallel zu den Gleisen weiterradeln. Der leicht ansteigende, schönere Weg passiert eine Lichtung, quert erneut die Bahnstrecke und zieht links an ihr weiter. Aus dem hohen Kiefernwald heraus bringt uns ein sandiger Feldweg durch Wiesen bis Sellin.

Wir fahren auf der Granitzer Straße an der Oberschule entlang bis zur Ortsmitte. Rechts führt uns die Ostbahnstraße zum Bahnhof.

Tip Wer in Baabe begann, kehrt entweder mit dem Zug oder parallel zum Strand dorthin zurück.

Rügens liebenswerte Kleinbahn „Rasender Roland" zwischen Putbus und Göhren

Toureninfos

km 27 km (kleine Abweichungen je nach Strecke).

START Bahnhof Sellin (evtl. auch Baabe).

Schwierige Steigungen weist die Strecke nicht auf, jedoch ein paar Abschnitte mit Holperfahrt. Versäumen Sie nicht, von Ihrer Überfahrt nach Moritzdorf mit Fahrrad per Ruderboot ein Foto zu machen.

 Zahlreiche in beinahe allen berührten Orten. Moritzdorf: „Moritzburg" (Kaffeegarten, Aussicht); Seedorf: Gasthof „Dreilinden" (Terrasse).

 Ostsee, Having und in den Seen.

8

Ein Jagdschloß als Radelziel

Info

Ausgangspunkt dieser Tour ist **Binz**, der Spitzenbadeort der Insel, der Ende des vorigen Jahrhunderts das bis dahin beliebtere Saßnitz ablöste. Auch hier hatte mit dem Besitz des Strandes der Fürst zu Putbus das Sagen. Die erste hölzerne Seebrücke entstand um die Jahrhundertwende, wurde aber schon im Winter 1903/04 zerstört und seitdem mehrfach nach Zerstörungen neu errichtet. Ob sie ihre einstige Länge von 400 Metern wieder erreichen wird, ist noch ungewiß. Da die Anreise der Gäste nicht mehr von Schiffen abhängig ist, verlieren weit ins Wasser ragende Seebrücken ihre frühere Bedeutung.

Binz, mit 6.700 Einwohnern größer als die anderen drei Seebäder zusammen, hat seine führende Rolle auf Rügen behauptet, auch wenn es seinen elitären Rang nicht mehr betont. Hier ist alles etwas größer als anderswo. Etwa die Promenade mit einer Länge von beinahe 4 Kilometern, die 1993 mit 869 Bäumen neu bepflanzt wurde, oder die jährliche Urlauberzahl von 150.000 Gästen. Etwa die traditionelle Bäderarchitektur mit dem klassischen, heute als Travel-Hotel geführten „Kurhaus", das seine Tradition von 1908 nicht verleugnet und doch - gegenüber dem Konzertpavillon - einladend wirkt. Moderne Appartementhäuser im Westteil des Ortes (IFA-Ferienpark, NOBIS-Hotels) und eine ebenso traditionelle wie aktuelle Hauptstraße von 400 Metern Länge machen Binz - vom feinen breiten Sandstrand ganz zu schweigen - zum Inbegriff des Ostseeurlaubs.

Hier brechen wir vom Bahnhof Binz Ost (an der Strecke des „Rasenden Roland" von Putbus bis Göhren, auch Fahrradverleih) auf und halten uns auf dem Fußweg rechts. Wir schlagen vor dem Eisenbahnübergang die schmale Teerstraße unter hohen Linden ein, die in Richtung zum Jagdschloß führt. Der ansteigende Naturradweg verläuft neben der Fahrstraße und erreicht nach 500 Metern den Granitz-Wald. Ob kräftig treten oder schieben, um zum Gipfel des Tempelbergs zu gelangen, ist Geschmackssache und hängt von der technischen Ausstattung des Velozipeds ab. Auf der

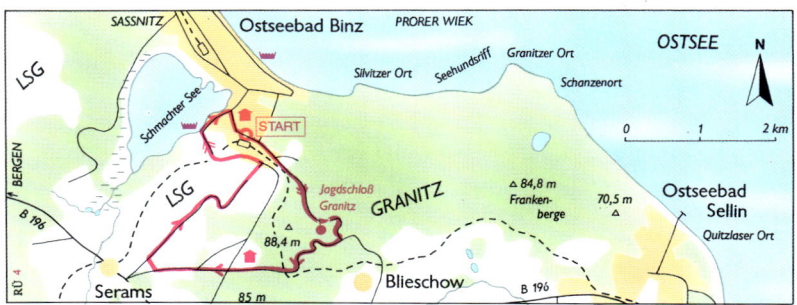

71

Höhe fahren wir am Schloßeingang entlang und umrunden das Schloß nach links. Aber natürlich ist vorher die Besichtigung unumgänglich.

Man könnte geradezu darüber streiten, welches Ziel auf Rügen am beliebtesten ist: Stubbenkammer oder „Jagdschloß". Im Insel-Südosten jedenfalls, in der Nachbarschaft der Ostseebäder, ist das **Jagdschloß** ein Muß für jeden, auch für den Radfahrer. Von wo könnte man besser weite Teile Rügens überblicken als von der 144 Meter hoch gelegenen Aussichtsplattform des Schloßturms?! Die Zahl ergibt sich daraus, daß der Bau auf dem 107 Meter hohen Tempelberg inmitten der Granitzwaldungen steht und - Schinkel sei Dank! - noch einmal 38 Meter hochragt. Auch dieses prächtig-kitschige Schloßensemble ist - ob die Rüganer es heutzutage mögen oder nicht - den einfallsreichen Putbusser Fürsten zu verdanken.

Werfen wir also einen Blick in die Geschichte, zumal da jetzt rund 150 Jahre vergangen sind, seit das Schloß entstand, dessen Bau immerhin ein Jahrzehnt beanspruchte. Es ist wenig bekannt, daß das Jagdschloß einen Vorläufer hatte: ein achteckiges Fachwerkhaus, von dessen Dachfenstern sich bereits eine schöne Aussicht bot. Das regte den Fürsten um 1835 an, hier ein spektakuläres Schloß zu errichten, für das der Berliner Architekt Steinmeyer die Pläne lieferte. Allerdings gehörte der Turm noch nicht dazu. Jedoch meinte der mit Steinmeyer bekannte Schinkel schon 1838, daß der Bau durch einen Turm einen zusätzlichen Akzent erhalten sollte. So wurde 1844 in den bereits 1836 begonnenen Bau der hochragende Turm eingefügt, der den vier Ecktürmen des quadratischen Baukörpers zur Steigerung diente. Der Geist der Zeit, die Freude an romantischer Burgarchitektur in modernisierter Gotik spricht aus dem Bauwerk, das zum Glück noch erhalten ist - obwohl es künstlerisch keinen allzu hohen Rang aufweist. Jedenfalls nimmt der Eindruck immer wieder gefangen, wenn der Tourist - ob im Auto oder zu Rad - aus dem Wald die Höhe erreicht und wie aus dem Nichts das stolze Schloß vor sich aufsteigen sieht.

Das museal eingerichtete und zu besichtigende Schloß hat als originelle Zutat eine den ganzen **Aussichtsturm** innen umlaufende gußeiserne Wendeltreppe, die mit 154 Stufen in die Höhe führt. Wer nicht schwindelfrei ist, wird insbesondere beim Abstieg vom Durchblick der durchbrochenen Treppenstufen in die Tiefe geschockt sein. Diese Treppe bildete, als ihr Einbau Ende 1845 abgeschlossen war, den i-Punkt des fürstlichen Vorhabens. Vielleicht wirkt es beim Anblick des Schlosses und seiner prunkvollen Räume erstaunlich, daß alles zusammen mit 90.000 Talern bezahlt werden konnte - sicher mit erheblich niedrigeren Löhnen, als sie heute verlangt werden... Zwei Epochen begegnen sich, wenn heute von Binz aus ein motorisierter (demnächst elektrischer) „Jagdschloß-Express" das pompöse Schloß des 19. Jahrhunderts ansteuert.

Am Parkplatz wenden wir uns auf der Straße mit Kopfsteinpflaster rechts in den Wald. Die Straße führt gewunden abwärts durch den hier besonders schönen Wald der Granitz. Da sie auch von Autos befahren werden kann, ist Vorsicht ratsam. Am Wegrand wächst hoher Farn. Ein Kilometer unterhalb des Jagdschlosses liegt unter hohen dicken Buchen eine einsame Bahnhaltestelle mit der Stationsbezeichnung „Jagdschloß". Kurz danach überqueren wir die Schienen und bleiben weitere 500 Meter im dichten Wald, bis wir seinen Rand erreicht haben. Hier befindet sich zunächst eine Kleingartenkolonie, danach eine Gaststätte. Wir fahren bis zur folgenden

Kreuzung, überqueren die gepflasterte Straße und erreichen auf dem anschließenden Feldweg die stark befahrene Bundesstraße 196.

Auf der Bundesstraße müssen wir nun über freie Landschaft etwa 600 Meter bleiben, bis wir rechts in Richtung Serams wieder eine stillere Strecke vor uns haben. Dabei wenden wir uns nach 200 Metern mit dem Wegweiser "Schmachter See" nach rechts. Der Feldweg läuft erst zwischen Bäumen, dann - parallel zur Hochspannungsleitung - ansteigend durch die Felder. Dabei können wir noch einmal zum Jagdschloß blicken, aber bald auch

Beliebtes Rügen-Ziel: das Jagdschloß Granitz

auf Binz. Der begraste Feldweg kann bei feuchtem Wetter schlammig werden. Wir fahren in Richtung auf den Wald. Wir halten uns uns links am Waldrand entlang und folgen abwärts rechts im Bogen dem Waldrand. An der Gabelung schlagen wir mit Blick auf Binz den Weg durchs schilfige Wiesengelände ein, bis wir auf eine Kleingartenkolonie stoßen.

 Wer nun auf den als „Flächennaturdenkmal" hervorgehobenen Schmachter See verzichten will, erreicht auf diesem Weg rechts die Fahrstraße und nach links auf dem Radweg den Bahnhof. Das wäre sozusagen eine Kürzesttour.

Wir wollen aber doch noch dem Schmachter See begegnen. Also wenden wir uns auf dem Schotterweg links und überqueren nach 700 Metern rechts die Bahnstrecke des „Rasenden Roland", hier zwischen Binz und Serams. An der Gärtnerei entlang aufwärts, bleibt uns nichts anderes übrig, als unser Rad auf dem steilen Wegstück zu schieben. Vor uns liegt nun mit Abwärtsfahrt der Schmachter See, an dem wir rechts zwischen Bäumen und idyllisch gelegenen Häusern entlangradeln.

 Der **Schmachter See** reicht als Relikt eines Meereinbruchs in früher Zeit bis auf etwa 600 Meter an den Strand heran und macht damit einen Teil von Binz - einschließlich der durchlaufenden Straße B 196 - zu einer Landbrücke, die von der Hautpstraße überquert wird. „Die" See und „der" See also dicht beieinander!

Mit dem Pantower Weg stoßen wir auf die Bahnhofstraße und kehren auf ihr rechts zum Bahnhof zurück.

 Alternativ können wir auch den Weg am See noch ein Stück fortsetzen und erst bei der Bootsvermietung rechts über Haupt- und Jasmunder Straße den Bahnhof ansteuern.

Toureninfos

 Die kürzeste Tour: ca. 10 km; gesamte Strecke: 12-15 km.

 Bahnhof Binz Ost.

 Diese Fahrt ist mit mehreren Steigungen verbunden, bei denen gegebenenfalls unser Rad auch geschoben werden muß. Teilstücke neigen dazu, nach Regen oder bei nassem Wetter schlammig und rutschig zu werden. Also lieber nur bei trockenem Wetter radeln.

 In Binz zahlreiche. Am Jagdschloß zur Zeit keine. Unterhalb des Jagdschlosses „Gaststätte Granitztal" (Kaffeegarten).

 Ostsee und Schmachter See

 Jagdschloß: Im Sommer tägl. 9-18 Uhr.

9

Sellin oder Binz - das ist hier die Frage

Info

In einem Reisebüchlein aus dem Jahr 1924 ist zu lesen: „Auch Sellin ist ein sehr besuchtes Bad mit großen landschaftlichen Vorzügen und allen Vergnügungsmöglichkeiten, aber nicht von einer so ausgesprochenen weltstädtischen Eleganz wie Binz." So war es in der Tat. Heute weist Binz - soll man es wirklich bedauern? - keine „weltstädtische Eleganz" mehr auf, aber auch Sellin ist gewiß nicht so reich an „allen Vergnügungsmöglichkeiten". Beide Bäder zeigen sich heute - jedenfalls einstweilen - „eine Nummer kleiner". Sicher kein Fehler.

Mit mit 2.800 Einwohnern hat Sellin gegenüber den 6.700 von Binz nicht einmal die Hälfte des Nachbarbades. Auch in der Gästestatistik ist Binz mit dem dreifachen Besuch Sellin deutlich überlegen. Größe und Qualität des Strandes spiegeln ebenfalls die Vorzüge von Binz, während Sellin landschaftlich mit der gleichzeitigen Nähe zur Granitz und zu den malerischen Dörfern von Mönchgut sicher einen wichtigen Trumpf aufweist.

In welchem der beiden Orte Sie also starten, die Radtour zwischen den beiden namhaftesten Rügenbädern wird in jedem Fall eine genußreiche Fahrt.

Wenn wir die Tour in Binz beginnen, radeln wir am Bahnhof Binz-Ost auf der Bahnhofstraße rechts und nach 200 Metern links in die Straße "Klünderberg", die erst ansteigt und dann wieder fällt. Nach 750 Metern verraten uns die Wegweiser gegenüber der katholischen Kirche und dem Tennisplatz, daß wir Sellin auf verschiedenen Wegen erreichen können. Dabei trennt oder verbindet die Granitz mit ihren bewaldeten Hügeln im Umfang von 800 Hektar die beiden Badeorte.
Wenn wir uns für die Strecke vorbei am „Finnkrieger" entscheiden, soll zuerst erklärt werden, worum es sich dabei handelt.

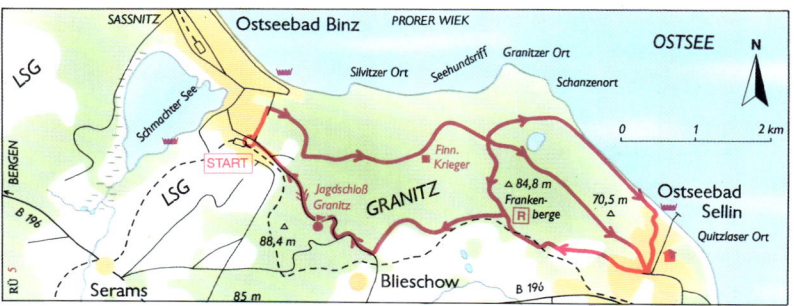

Info Mitten im Granitzwald liegt die Grabstelle **"Finnkrieger"**, die zum Gedenken an eine finnischen Soldaten errichtet wurde, der vor Jahrhunderten hier fiel. Wir erreichen ihn, wenn wir vom ehemaligen Grillplatz rechts in Richtung Wasserwerk fahren und an ihm vorbei unseren Weg durch den Wald fortsetzen. Unser Weg führt ständig in östlicher Richtung durch den Wald, wobei wir mehrere Kreuzungen überfahren müssen.

Vom „Finnkrieger" aus nehmen wir Kurs auf die nach einem reichlichen Kilometer auf immerhin 85 Meter ansteigende Höhe des Frankenbergs. Wenn wir vor ihm an der Einmündung in den Rundweg links biegen, passieren wir den kleinen Schwarzen See und kommen von ihm aus mit dem Hochuferweg nach Sellin.

Tip Alternativ radeln wir südlich am Frankenberg vorbei, halten uns ein Stück parallel zur Bahnstrecke und biegen von ihr über eine Lichtung. Von ihrem Ende führt uns ein sandiger Schotterweg in Sellins Granitzer Straße und bis zur Ortsmitte.

Für den Rückweg haben wir erneut die Wahl. Wenn wir uns auf dem Weg übers Jagdschloß gemäß Tour Rügen 8, jedoch in umgekehrtem Verlauf, zum Bahnhof Granitz orientiert haben, müssen wir nur noch ansteigend (Vorsicht: Autoverkehr!) durch den Wald nach rechts bis zur Höhe des Jagdschlosses. Von hier führt (siehe Tour 8) ein Radweg neben der Fahrstraße abwärts nach Binz und zum Bahnhof Binz-Ost zurück.

Tip Da die Granitz mit ihren befahrbaren Wegen so gut ausgeschildert ist, kann sich jeder auch eine Tour nach seinem Geschmack zusammenstellen und wird sich zwischen den beiden Ostseebädern bestimmt nicht verirren.

Toureninfos

 Je nach Wegwahl zwischen 19 und 21 km.

 Bahnhof Binz Ost.

 Radtouren durch die Granitz gehören zu den Höhepunkten Rügens und lassen sich vielfältig variieren. Anders als bei der Stubnitz sind die Wege gut befahrbar und etwaige Steigungen nur kurz. Allerdings bietet sich unterwegs innerhalb des Waldes keine Einkehrmöglichkeit, so daß Sie sich mit Getränk oder Imbiß (Brotzeit) selbst versorgen müssen.

 In Binz und Sellin zahlreich. Sonst nur Lancken-Granitz.

 Ostsee.

„Kurhaus" Binz von 1908, heute Hotel

10

Zwischen Rügens Städten hin und her

Bergen und Putbus sind - in dieser Reihenfolge oder auch umgekehrt - die beiden Städte Rügens, die kein Inselbesucher auslassen sollte. Für Gäste in den Badeorten bietet sich die Hinfahrt im „Rasenden Roland" an: entweder ohne Umsteigen bis Putbus oder mit Umsteigen in Putbus nach Bergen. Beide Bahnhöfe haben übrigens auch Fahrräder zu verleihen. Damit das auch klappt, rufen Sie am besten vorher an. Bergen. Tel. 03838/21 1 17, Putbus: Tel. 038301/4 56.

Wir starten von Bergens Bahnhof, wobei wir entweder jetzt oder nach der Rückkehr einen Stadtbesuch vorsehen sollten (s. Seite 53). Wir folgen der Bahnhofstraße, rollen im Linksbogen am sowjetischen Ehrenmal (falls es noch steht...) vorüber und zweigen nach 300 Metern links in die Ringstraße ab. Auf ihr 600 Meter zur Baumstraße mit Radweg. Wir passieren noch eine Ampelkreuzung, bevor wir Bergen verlassen.

Gleich hinter der Eisenbahn, deren Schienen wir queren, biegen wir links in den Betonweg, der später als Schotterstrecke weiterläuft. Parallel zur Bahn radeln wir in Richtung Hundeplatz und Obstplantage. Ohne Schlaglöcher geht es nicht ab. Hinter der Obstplantage machen wir einen Bogen rechts durch die Felder. Zwei Anwesen markieren das Dorf Neu Sassitz.

 Hinter der Kreuzung folgt ein kurzer Anstieg, an dem eine malerisch gespaltene alte Weide beachtlich ist. Wir blicken weit übers Land und links nach Alt Sassitz.

An der folgenden Kreuzung bleiben wir geradeaus und rollen durch Felder sanft abwärts. Im Bogen radeln wir links in den hohen Mischwald, durch den ein angenehm befahrbarer Weg führt, an dem übrigens eine Futterstelle für Wild angelegt ist. Wenn wir nach einem reichlichen Kilometer das Waldende (leicht ansteigend) erreicht haben, blicken wir auf die Dächer von Sehlen und nehmen den Grünen Weg. An der Kreuzung nach 250 Metern folgen wir der Betonstraße links mit leichtem Anstieg in den Mischwald. Die schmale ansteigende Straße führt an einem Werk (MDSG) vorbei. Nun geht es abwärts unter der Hochspannung hindurch und am Waldrand entlang, bis wir nach 2,5 Kilometern auf und ab Ketelshagen erreichen. Weiter am Waldrand entlang, stoßen wir bald auf das Forsthaus Ketelshagen - das Hirschgeweih über der Tür fehlt nicht.

Am Forsthaus vorbei, durch Wald, Felder und über eine schöne Allee erreichen wir vor einer Linkskurve den Radweg zwischen Putbus und Altefähr bei Güstelitz (s. Seite 54), der uns nun zügig nach Putbus bringt (s. Seite 53).

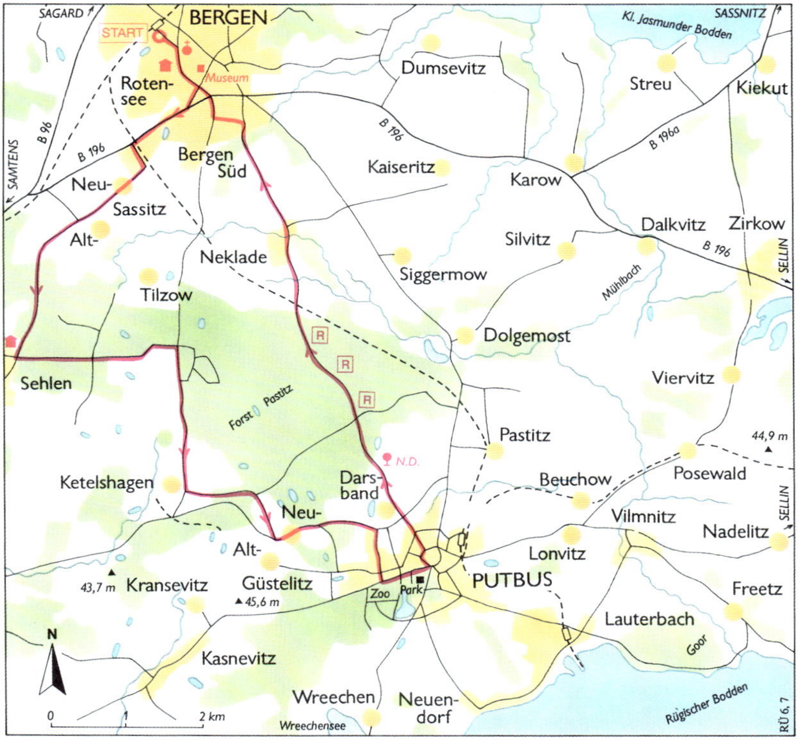

Für den Weg zurück, nachdem wir uns in der Stadt gründlich umgeschaut haben, rollen wir vom Circus mit dem Obelisk, unweit des Wasserturms, auf die August-Bebel-Straße. Sobald sie sich gabelt und rechts die Berger Straße abgeht, halten wir uns links auf der zweispurigen Betonbahn unter mächtigen Kastanienbäumen - rechts und links Gärten. Dabei kreuzt 200 Meter weiter der Radweg über die stillgelegte Bahnlinie (siehe 56) unsere Strecke. Wir halten uns geradeaus und lassen Transformatorhäuschen und Bauernhof von Darsband links liegen. Der Plattenweg führt rechts, aber wir bleiben geradeaus auf dem Feldweg, der auf den Wald zuführt.

Info Als „Naturdenkmal" steht hier in der Nähe einer Schranke zum Wald eine alte Eiche, deren mächtige Äste weit ausladen.

Wir nehmen im Laubwald den linken Weg - allerdings kann er bei Nässe leicht morastig werden. Er führt zu einem breiten Wendeplatz für Autos, mit dem ein Picknickplatz an der Kreuzung verbunden ist.

Nun radeln wir schrägrechts über den breiter werdenden Waldweg, an dem wir in Abständen immer wieder einem Jagdsitz begegnen. Dann folgen noch zwei weitere Plätze, die zum Picknick einladen. Dabei passieren wir eine Fichtenschonung und rollen abwärts, bis der schöne breite Weg nach 1,5 Kilometern ein jähes Ende nimmt. Darüber tröstet der letzte Picknickplatz nicht hinweg.

Wir müssen uns also jetzt links wenden, wo zwar kein richtiger Weg über die Wiese führt, aber Fahrspuren die Richtung kundtun. Je nach Wetter muß das Rad gelegentlich auch geschoben werden. Am Waldrand entlang stoßen wir nach 500 Metern Wiesenfahrt auf die Bahn. Nach Bewältigung des Bahndamms folgen wir einem Feldweg, dessen Bäume ein romantisches Blätterdach bilden. Bald beginnt - nach einem Mini-Teich - ein Betonweg, der an einem ehemaligen technischen Stützpunkt aus DDR-Zeiten vorüber nach Neklade führt. An der Gabelung am Ortsrand bleiben wir geradeaus auf diesem Betonweg, parallel zur Stromleitung. Die Höhe ermöglicht einen schönen Rundblick, der bereits bis zum Kirchturm von Bergen reicht.

Abwärts rollen wir auf die Stadt zu, wobei uns eine Kleingartenkolonie „begleitet". Dahinter setzt sich der Plattenweg fort nach links, bis eine Straße rechts durch ein Gebiet von Wohnblöcken führt. Wir sind auf der „Straße der deutsch-sowjetischen Freundschaft" aus DDR-Zeiten. Ob sie inzwischen noch so heißt? Jedenfalls stoßen wir knapp 2 Kilometer hinter Neklade auf eine Querstraße mit einer Ponyplastik. Auf ihr radeln wir nach links und biegen, 500 m weiter, in die Ringstraße. Jetzt trennen uns nur noch 1,5 Kilometer vom Bahnhof.

Toureninfos

 25 km (ohne Stadtbesichtigungen).

 Bahnhof Bergen.

 Die Streckenführung vermittelt keine besonderen „Sensationen", aber es ist reizvoll, die beiden Städte nacheinander zu erleben.

 Zahlreiche in beiden Städten. Unterwegs nur in Sehlen.

 im Bodden bei Neuendorf und Lauterbach.

Ein Denkmal im Schloßpark von Putbus erinnert an den
Fürsten Wilhelm Malte I., dem die Stadt ihr reizvolles Gesicht verdankt

11

Mit Boddenblick
zu Zirkows „Denkmalshof"

Wer nicht unbedingt in einem der Seebäder wohnen will, ist in Putbus günstig aufgehoben. Von hier ergeben sich nicht nur mit der Rad-Avenida nach Altefähr (s. Seite 57) allerlei Möglichkeiten für emsige Radtouristen. Wer bisher noch nichts von Zirkow gehört hat (es liegt zwischen Binz und Putbus), wird einen Trip dorthin gewiß nicht bereuen.

Ausgangspunkt ist der Bahnhof von Putbus am Nordostzipfel der Stadt. Von hier erreichen wir nach 400 Metern durch Bahnhof- und Marienstraße das weiße Rondell des Circus.

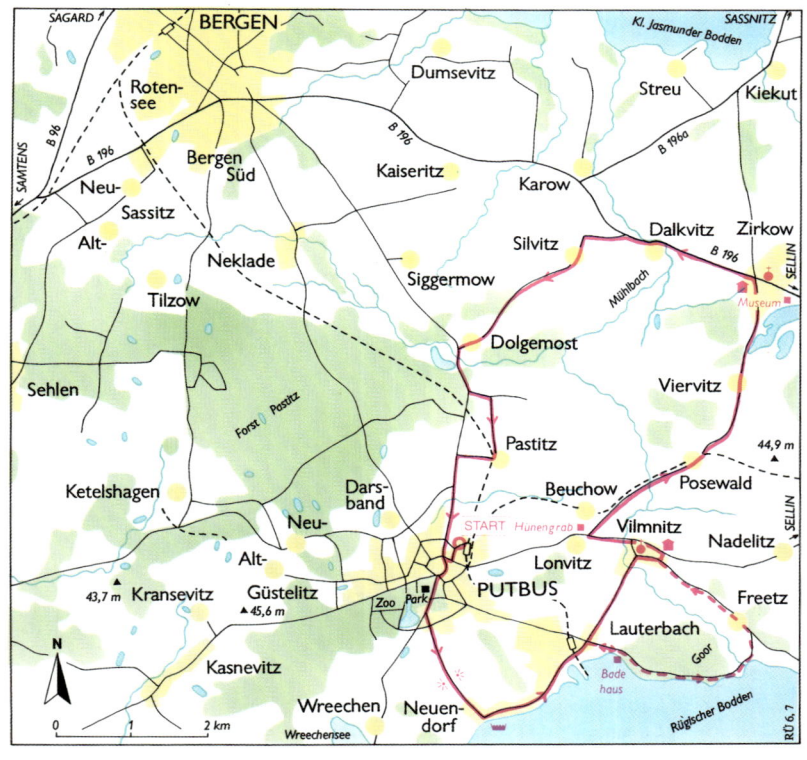

Der **Schloßpark** mit seinen Spezialitäten ist wirklich ein Kleinod. Schenken Sie dem Fürsten Malte auf dem Denkmal in seiner schnittigen Uniform den gebührenden Respekt. Er hat aus seiner Residenz mehr gemacht als eine Ansammlung von Monumenten und es verstanden, die richtigen Helfer und Berater (unter ihnen immerhin Schinkel) zu gewinnen. Auch das gehört - in Vergangenheit wie Gegenwart - zum richtigen Kunst- und Kulturverständnis.

Von der Kastanienalle schwenken wir beim „Affenhaus" (s. Seite 54) am östlichen Ausläufer des Schwanenteichs nach links auf einen Schotterweg, der uns an der Gabelung rechts mit einem beachtlichen Angebot an Schlaglöchern inmitten anheimelnder Natur nach Neuendorf bringt. Schon von der Höhe vor Neuendorf bietet sich ein reizvoller Blick über den Rügischen Bodden bis hin zur Insel Vilm.

Neuendorf zeigt sich als Bilderbuchdorf mit Rohrdächern und Bauerngärten voller Obstbäume. Das entzückt zu jeder Jahreszeit. Auch den Schwänen im Wasser scheint es hier zu gefallen.

Der Übergang von Neuendorf nach Lauterbach macht sich kaum bemerkbar.

Der Hafen von **Lauterbach** mit seinen Jachten, einem Restaurantschiff und fröhlicher Freizeitstimmung bildet den Kontrapunkt zur gediegenen Vornehmheit des Badehauses von Lauterbach.

Wir können nun vom Hafen über die Bahnschienen, am Hügelgrab vorbei und dann rechts fahren.

Wenn wir uns den Seebadtraum des alten Fürsten ansehen wollen, rollen wir im Zug der Chaussee links am Bahnhof vorbei und hinter ihm rechts. Das **Badehaus** liegt unmittelbar vor dem Waldgebiet des **Goor** und strahlt mit seinen dorischen Säulen ein wenig steife Würde aus, die zum Glück von der urigen Frauenplastik davor aufgelockert wird. Am Goor wird eine Ferienhauskolonie bald für mehr Leben sorgen.

Diese pummelige „Badenixe" (von vorne wie von hinten gleich stämmig) steht vor dem Badehaus von Lauterbach

Unsere Weiterfahrt kann entweder mit einer Rundfahrt um den Goor gegen den Uhrzeigersinn nach Freetz und von dort nach Vilmnitz führen. Oder aber wir kehren vom Badehaus zum Vilmnitzer Weg zurück, dessen schmale Teerstraße uns auf die Kirche von Vilmnitz zuführt.

Info Die restaurierte **Backsteinkirche** von **Vilmnitz** geht im Ursprung auf die Mitte des 13. Jahrhunderts zurück. Schiff und Turm entstanden erst im 15. Jahrhundert. Die künstlerisch wertvollsten Werke des Inneren schuf Claus Midow in der Zeit um 1600, der auch wegen seiner Güstrower Werke bekannt ist. Die Kirche enthält darüber hinaus bedeutende Grabdenkmäler aus mehreren Jahrhunderten für die Putbusser Adelsfamilie, wie man sie in einem Dorf nicht vermutet.

Wir fahren am Friedhof vorbei und verlassen Vilmnitz im Zug einer breiten Allee, die nach Lonvitz ansteigt.

Tip Wenn hier am Ortseingang rechts die Straße nach Posewald und Zirkow abzweigt, ist ein Großsteingrab erkennbar, das jedoch stark überwuchert ist.

Abwärts geht es im Zug des Laubendachs einer schönen Allee, von der wir im Rückblick nochmals die Vilmnitzer Kirche erspähen. Wir radeln hier bis Posewald ein Stück parallel zur Bahn. Vielleicht begegnen wir dem dampfenden „Rasenden Roland"...! In Posewald überqueren wir die Bahnstrecke und fahren über Kopfsteinpflaster (Rand teilweise geschottert) weiter auf und ab durch Viervitz und am Waldrand sowie an einer Kiesgrube entlang nach Zirkow.

Info **Zirkow** macht gleich mit zwei Sehenswürdigkeiten auf sich aufmerksam. Die eine ist die **Kirche** aus dem 15. Jahrhundert, deren Backsteinbau von einem Kranz mächtiger Kastanien malerisch eingerahmt ist. Innen besitzt sie Reste spätgotischer Malerei. Der Friedhof weist 60 bis zu 200 Jahre alte Grabstellen auf.

Nahe der Kirche zeigt ein Wegweiser zum **Denkmalshof**. Es handelt sich dabei um ein 1727 errichtetes Bauernhaus, das zeitweise ein sogenanntes Rauchhaus (ohne Schornstein!) war. Es verkörpert den seltenen Typ des Kübbungsdielenhauses, bei dem ein großes seitliches Tor ermöglichte, daß ein vollbeladener Erntewagen nicht nur in der Mitte der Diele, sondern auch unter der Dachschräge Platz fand. Innen, unterm Rohrdach, wird die bäuerliche Arbeit der beiden letzten Jahrhunderte lebendig.

Für die Rückkehr nach Putbus bleiben wir zunächst auf der B 196, die durch Felder bis Dalkvitz und danach noch einen knappen Kilometer weiter bis zum Abzweig links nach Silvitz führt. An der Gabelung am Dorfeingang halten wir uns links und haben Spaß an dem links liegenden Garten voller Keramikzwerge. Hinter dem Dorfende beginnt ein befestigter Schotterweg, von Bäumen überschattet, auf dem wir durch Feld und Wald und bald auf einer Betonbahn nach Dolgemost gelangen. Das ehemalige Gut schüttelt uns mit seinen Kopfsteinen ganz schön durch. Wir stoßen hier auf die Verbindungsstraße zwischen Bergen und Putbus. Auf ihr wieder links.

Über Alt-Pastitz können wir nach links die allzu lebhafte Strecke verlassen. Zuerst rollen wir gut auf einer Betonbahn nach Pastitz und an der Querstraße rechts auf Kopfsteinpflaster. Über die Bahnstrecke und parallel zur Telefonleitung geht es dann auf Betonbahn durch die Felder bis zu einem Schutzhäuschen an einer Kreuzung mit der Verbindungsstraße Putbus-Bergen. Sie führt als Lindenallee südlich und passiert den hier beginnenden Radweg Putbus-Altefähr. Geradeaus weiter erreichen wir Putbus und schräg gegenüber der Berger Straße links den Bahnhof.

Toureninfos

 22 km.

 Bahnhof Putbus.

 Abwechslungsreiche Tour mit verschiedenen Akzenten: Landschaft, Kirchen, Wald und Historie. Bis auf ein paar Fahrabschnitte über Kopfsteine gibt es keine Schwierigkeiten.

 In Putbus: zahlreiche; Vilmnitz: „Vilmnitzer Hof" (Gartenterrasse); Zirkow: Dorfgasthof.

 Im Bodden bei Neuendorf und Lauterbach

 Zirkow, Denkmalshof: tägl. 10-18 Uhr.

12

Schloßbesuch mit oder ohne Störtebeker

Unser Ausgangspunkt ist Bergen, dessen Besichtigung am Anfang oder Ende der Radtour stehen könnte und müßte (s. Seite 52). Vom Bahnhof folgen wir der Bahnhofstraße und biegen von ihr links in die Ringstraße. Wenn wir 500 Meter weiter an eine Gabelung kommen, wenden wir uns rechts ansteigend zur „Graskammer" und mit dem Radweg am Waldrand, vorbei am Stadion, zur „Straße der Jugend". Auf ihr kurz links abwärts, danach hinter dem Taxiplatz rechts in die ansteigende, geschotterte Straße (für Fahrzeuge gesperrt). Am Waldrand entlang und durch schönen Hochwald folgt nach einem Kilometer eine Kreuzung. Geradeaus weiter, am Parkplatz vorbei, erreichen wir den Rugard mit dem Ernst-Moritz-Arndt-Turm.

Der 90 Meter hohe **Rugard** war im Mittelalter Sitz einer Burg. Mit dem **Arndt-Turm**, der einen Rest der einstigen Burganlage einbezog, reagierte Rügen darauf, daß dem heimischen Dichter und Historiker 1865 in Bonn ein Denkmal gewidmet worden war. Das motivierte die Rüganer, aus Anlaß des 100. Geburtstags von Arndt ein Gegenstück zu schaffen. Mit Unterstützung des Putbusser Fürsten konnte 1869 die Grundsteinlegung stattfinden, der schließlich 1877 die Fertigstellung folgte. Vom 27 Meter hohen Turm eröffnet sich ein Blick bis Hiddensee und Stralsund. An seinem Zugang steht eine 1875 gepflanzte Friedenseiche mit Picknickplatz. Wenn der Winter es möglich macht, finden die Bergener hier sogar eine Rodelbahn.

Wir folgen der abwärts führenden Teerstraße durch den Wald nach links, an einigen Picknickplätzen vorbei. An einer dreifachen Gabelung bleiben wir auf dem schmalen Waldweg geradeaus mit dem Wegweiser Buschvitz. Am Waldrand setzen wir unsere Fahrt abwärts fort, bis unser Feldweg auf eine zweispurige Betonbahn trifft.

Als wir diese Tour machten, wollten wir links über Steder und hier erneut links in Richtung Ralswiek fahren. Dies wäre nach der Topographischen Karte auch möglich gewesen. Aber hinter Steder ergab sich am Schöpfwerk zwischen Jasmunder Bodden und dem kleinen See Ossen, daß der Weg mit Stacheldraht versperrt war. So blieb uns nichts übrig, als wieder umzukehren. Lassen Sie sich also von der nach der Karte möglichen, in der Realität jedoch unpassierbaren Strecke nicht irritieren.

Ein Abstecher zu dem am Kleinen Jasmunder Bodden gelegenen Dörfchen **Buschvitz** sollte jedoch nicht fehlen. Damit ließe sich - zurück über Zittvitz und an der Kläranlage vorbei - sogar eine Kurztour machen.

Unser Ziel bleibt jedoch Ralswiek. Also halten wir uns auf der zweispurigen Betonbahn links, radeln durch Felder, dann am Waldrand entlang und unter Pappeln an den Häusern von Prisvitz vorbei. Am letzten Hof im Bogen links erreichen wir einen beschrankten Bahnübergang (2 Schienenpaare!), der uns hinter einem Anwesen zur B 96 führt. Sie ist mit einem Radweg ausgestattet worden, so daß wir ihr nach rechts ohne Probleme durch den Autoverkehr folgen können. Bald entdecken wir den ersten Wegweiser zur Naturbühne von Ralswiek. Sobald wir auf den großen Parkplatz stoßen, folgen wir links der schmalen Teerstraße durch den Wald, die sich unter Linden nach Ralswiek fortsetzt. Damit erreichen wir eine Einbuchtung des Großen Jasmunder Boddens, wo im Sommer alles im Zeichen der Störtebeker Spiele mit Festdorf steht.

Vor dem Gasthaus „Dat Eckhus" führt uns ein ansteigender Weg rechts nach 1,5 Kilometern zum Schloß mit Park.

Neben dem Jagdschloß in der Granitz (s. Seite 72) hat Rügen noch mehr Schlösser. Von ihnen spiegelt **Ralswiek**, das wenig über 100 Jahre alt ist, die Sehnsucht der Gründerjahre nach romantischer Schloßherrlichkeit. Auf den ersten Blick sieht das alles ganz echt aus und könnte mit dem spitzen hochragenden Dachhelm und den runden Ecktürmchen wahrhaftig Renaissance sein. Aber leider ist es nur nachempfundene Neurenaissance, so daß die seriösen Kunstführer sich hüten, das Schloß auch nur zu erwähnen. Immerhin liefert es den passenden Hintergrund für eine echte Touristenattraktion: die sommerlichen Störtebeker-Festspiele, die den mittelalterlichen Seeräuber romantisch verklären.

Heute wird das Schloß vom Deutschen Roten Kreuz als Behindertenheim genutzt und ist nicht zugänglich. Für ein Foto reicht der Anblick jedoch aus.

Nun kehren wir wieder zu „Dat Eckhus" zurück und folgen ab hier links dem Wegweiser zum 4 Kilometer entfernten Patzig. Mit Anstieg und Gefälle auf schmaler Straße, zuerst im Wald, erreichen wir nach knapp 2 Kilometern Gnies und am Ende seiner Dorfstraße links nach gleicher Entfernung auch Patzig.

Die **Kirche** von **Patzig**, deren Turm wir schon vorher erblickten, liegt auf einer Anhöhe und ist das gute Stück des Dorfes. Aus Back- und Feldsteinen wurde sie im 15. Jahrhundert errichtet und um 1500 mit dem viergeschossigen Turm bereichert. Die Wandmalerei im Inneren des Chors wurde 1950 aufgedeckt und entstand wohl schon in der zweiten Hälfte des 15. Jahrhunderts. Auch der geschnitzte Altar mit einem Kruzifix darüber geht auf diese Zeit zurück.

Unsere Weiterfahrt bringt uns bald durch eine wunderschöne Lindenallee nach Thesenvitz. Wenn wir auf ihr bleiben, kürzen wir unsere Tour ein wenig ab. Wir lassen nämlich Parchtitz links liegen, so daß wir auf eine Kreuzung zweier Fahrstraßen kommen. Wenn wir uns - bei lebhaftem Verkehr - links halten, sind wir geradlinig und über eine Ampelkreuzung schon bald in Bergen.

Wir können aber auch in Thesenvitz hinter dem Ortsschild in der Kurve beim Werksgelände links in die Feldstraße biegen, die sich nicht von der besten Seite zeigt. Durch weite Felder radeln wir in östlicher Richtung und am modernen Bauernhof Dramwitz vorbei. Danach stoßen wir auf ein Waldstück mit dem 64 Meter hohen Langen Berg, links unserer Strecke. Teils am Waldrand, teils im Wald bringt uns ein Plattenweg an einer Lichtung und Jagdsitzen vorbei, bis wir in der Ferne Bergens Kirche erblicken. Die Weiterfahrt, vorbei an Silos, bringt uns auf die B 96, der wir nach rechts folgen (links ein Famila-Markt), um an der Ampelkreuzung links durchs Gewerbegebiet zum Bahnhof zurückzukehren.

Toureninfos

 20 km, jedoch Abkürzungen auf 18 oder 10 km möglich.

 Bahnhof Bergen.

 Zur Zeit der Störtebeker-Festspiele sind Zufahrten und die Umgebung von Ralswiek durch lebhaften Verkehr beeinträchtigt. Sowohl der Kleine Jasmunder Bodden bei Buschvitz wie auch der Große bei Ralswiek bieten schöne Ausblicke.

 Bergen: Zahlreiche; auf dem Rugard: Kiosk; Zittvitz: „Restaurant Bootsstelle" (Terr.) Ralswiek: „Dat Eckhus" und Kioske.

 In den Bodden bei Buschvitz, Zittvitz und Ralswiek

 Arndt-Turm auf dem Rugard: tägl. 10-17 Uhr, an Wochenenden bis 18 Uhr.

Der nach Ernst Moritz Arndt benannte Aussichtsturm auf dem 90 m hohen Rugard bei Bergen, innerhalb der einstigen Burganlage ⟩

13

Das Inselerlebnis:
Stubnitzwald und Kreidewände

Für eine Radtour auf der Halbinsel Jasmund (sicher eine der reizvollsten Touren in diesem Gebiet), ist Saßnitz der beste Ausgangspunkt. Bahn oder Auto bringen uns hierher.

 Info Welche Stadt könnte schöner liegen als **Saßnitz**, zu Füßen von Wald und Kreide?! Da läßt es uns ganz kühl, daß sie mit ihrem Strand keine Begeisterung auslösen kann. Auch der Bahnhof als Ausgangspunkt profitiert in erster Linie von seiner etwas erhöhten Waldrandlage.

Vom Bahnhof rollen wir die Bahnhofstraße abwärts und gleich nach 50 Metern links in die Bachstraße mit Kopfsteinpflaster. Wenn wir nach 300 Metern an die querlaufende Lindenallee gelangt sind, halten wir uns links über den beschrankten Bahnübergang aufwärts. Die links führende Sträße ärgert uns mit allerlei Schlaglöchern. Wir passieren die Stadtverwaltung und ansteigend den hohen Laubwaldhang des über 100 Meter hohen Lenzbergs. Vor dem Friedhof fahren wir rechts, mit Kopfsteinpflaster ansteigend an Naturschutzgebiet entlang. Nun vorbei an der Lichtung und im Wald an der Gabelung links. Es läßt sich nicht leugnen: Die steile Strecke zwingt uns, das Rad zu schieben. Das fängt ja gut an, mag mancher denken. Wenn wir am Waldrand angelangt sind, radeln wir geradeaus weiter durch Felder, bis wir auf eine Kreuzung stoßen.

 Tip Ohne den unbequemen steilen Anstieg im Wald, dafür aber 2 Kilometer länger ist diese Variante: Wir radeln vor dem Friedhof links, rechts in die Merkelstraße und nach 1,5 Kilometern auf den mit Wohnblöcken besetzten Rügener Ring. Vor dem beschrankten Bahnübergang auf der alten Buddenhagener Straße rechts, deren Radweg uns nach knapp 2 Kilometern zu der bereits erwähnten Kreuzung bringt.

Hier beginnt die schmale Teerstraße durch die Felder, die zur Deponie führt. Vorbei an einem landwirtschaftlichen Betrieb erreichen wir das stillgelegte Betriebsgelände der Kreidewerke. Sogar hier müssen wir auf der Straße bleiben, die uns etwa einen Kilometer lang durchs einstige Werksgelände rollen läßt.
An der Gabelung überqueren wir rechts die Gleise und benützen ansteigend den Schotterweg. Wenn wir den Waldrand erreicht haben, empfängt uns das Gelände des Nationalparks. Geradeaus fahren wir durch den hohen Laubwald mit Kopfsteinpflaster und im Wechsel von Anstieg und Gefäl-

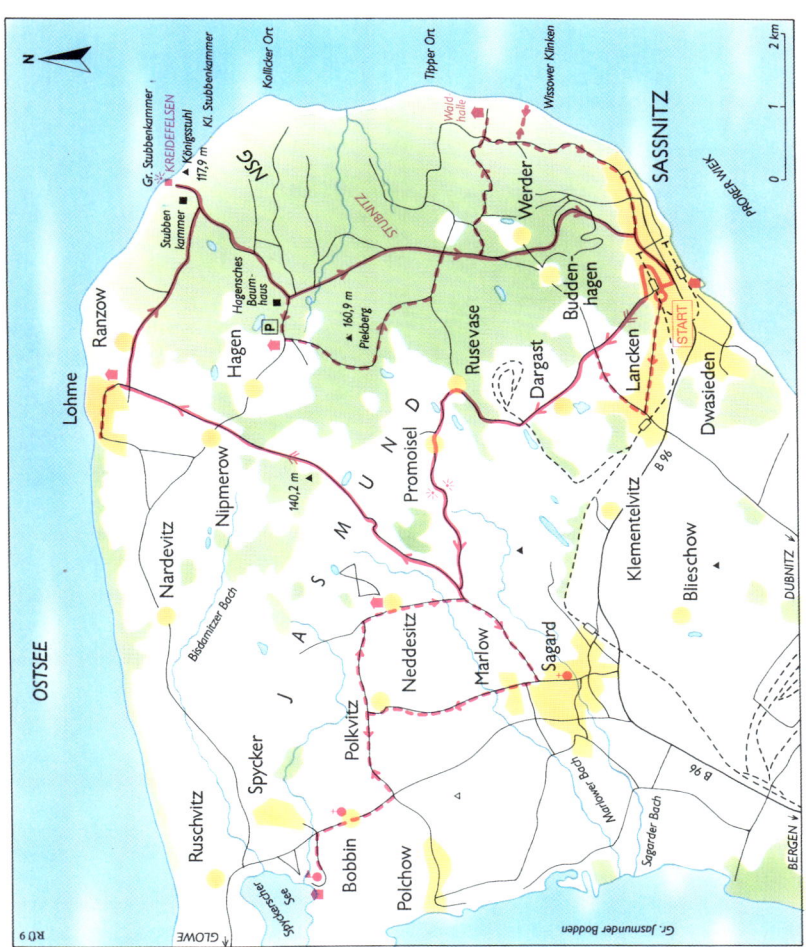

le. Sobald wir den Wald verlassen haben, wenden wir uns an der Querstraße in Rusewase links, an einem Anwesen vorbei, nach Promoisel. Es geht gewunden und auf und ab weiter. Von der Höhe nach 1,5 Kilometern mit einem verlassenen Haus bietet sich ein großartiger Ausblick. Abwärts holpern wir weiter, parallel zur Telefonleitung bis zur Querstraße.

Info Hier müssen wir uns entscheiden, ob wir uns – so sehr Stubbenkammer auch lockt – noch einen Abstecher über Sagard und Bobbin zum Schloß Spyker am gleichnamigen See leisten sollen, der hin und zurück 11 Kilometer auf unser Tretkonto bringt.

Unser erstes Ziel dabei ist **Sagard**. Mit 3.700 Einwohnern ist es kein ganz kleiner Ort. Anziehungspunkt ist die **Kirche**, die zur Zeit gründlich restauriert wird. Der Blick auf ihren Turm hat unsere Fahrt bereits begleitet. Es ist ein Backsteinbau, von dem teilweise die Anfänge des beginnenden 13. Jahrhunderts erhalten sind. Der Chor wurde 1400 erneuert, danach der Turm gebaut, der 1633 sein Zeltdach erhielt. Im Inneren überwiegt Klassizismus, älter (um 1720) sind Altar und Beichtstühle.

Wer an Kirchen wenig interessiert ist, verzichtet auf den zusätzlichen Abstecher und schlägt sofort die Richtung Marlow ein und von hier nördlich nach Polkvitz. Die Fahrt hierher und von Polkvitz (hier links, rechts, links) auf Bobbin zu verbindet Felder mit weiten Rundblicken.

Auch die **Kirche** von **Bobbin**, ein Feldsteinbau von 1400 und durch Backsteine bereichert, kann sich sehen lassen. Der Backsteinturm entstand um 1500. Etwas gedrungen beherrscht er eine Anhöhe. Das Kircheninnere ist ebenfalls durchaus ansehnlich.

Unser Ziel ist nun das Schloß Spyker, zu dem wir nach links abzweigen.

Schloß Spyker liegt am **Spykerschen See** und wird heute als Hotel-Restaurant geführt. Zum See hin weist der Bau von Ende des 16. Jahrhunderts (Ursprünge 14. Jahrhundert) zwei seitliche Rundtürme auf, zwei weitere wurden bei einem Umbau 1650 hinzugefügt. Wer im Schloßhotel wohnt, kann vom oberen Stockwerk eine faszinierende Aussicht genießen. Schwedens Feldmarschall Wrangel, der den Bau von Königin Christine erhielt, gestaltete ihn nach seinem Schloß am Mälarsee. Glanzpunkt im Inneren sind die für das Land ungewöhnlichen Stuckdecken im ersten Geschoß.

Jetzt wird es aber höchste Zeit, daß wir Kurs auf Stubbenkammer und den Königstuhl nehmen. Dabei vermeiden wir die vielbefahrene Straße parallel zur Küste und wenden uns ein Stück rückwärts, einsameren Strecken zu.

Den Weg nach Polkvitz kennen wir bereits. Von da erreichen wir in der hügeligen Landschaft Neddesitz (Kopfsteinpflaster). Im Dorf fahren wir zweimal rechts, rollen abwärts durch Felder und folgen 800 Meter weiter dem Wegweiser nach Hagen. An der nächsten Gabelung links. Damit ist unser Abstecher beendet. Hierher wären wir auch gekommen, wenn wir (ohne Sagad) direkt nach Norden gefahren wären. Aber das romantische Schloß und die beiden Kirchen von Sagard und Bobbin lohnen eigentlich die zusätzliche Anstrengung.

Die gewundene Strecke, teilweise unter Laubdach, beschert uns einige Kopfsteinholperei. An der Gabelung nach 2 Kilometern halten wir uns links und passieren im Rechtsbogen eine Funkanlage mit drei Masten. Die Straße steigt an. Noch vor Nipmerow, unserem nächsten Ort, stimmen die hohen Laubbäume auf den Nationalpark ein. Nach einem einzelnen Haus erreichen wir am Waldrand und am Friedhof entlang durch eine Lindenallee nach 3 Kilometern Nipmerow. Hier links, dann rechts in Richtung Lohme, mit Blick auf weitere acht Sendemasten.

Für **Lohme** spricht seine Höhenlage, etwa 60 Meter oberhalb des Meeres. „Der Strand", schrieb schon ein Reiseführer der zwanziger Jahre, „besteht aus großen Steinen und Geröll… Trotzdem erfreut sich Lohme eines regen Fremdenbesuchs, weil die

Waldungen der Stubnitz und die Ufer von Stubbenkammer in schnell erreichbarer Nähe liegen." Daran hat sich wenig geändert. Traditionelle Pensionshäuser erinnern an die Zeit vor 70 Jahren. Mit nur 670 Einwohnern ist Lohme ein ruhigerer Standort - auch für den Radtouristen - als das betriebsame Saßnitz.

Wir sind nun im 2.500 Hektar großen **Nationalpark Jasmund**. Mit Rotbuchenwäldern und Kreideformationen begegnen wir hier einer Landschaft, die in ganz Deutschland einmalig ist. Daher befolgen wir auch die Richtlinien, die für eine solch eindrucksvolle Natur aufgestellt wurden. Dazu gehört, daß die festgelegten Wanderwege nicht verlassen werden dürfen, daß Hunde nicht frei laufen sollen, daß Pflanzen oder Tiere unversehrt bleiben müssen. Es ist auch verständlich, daß einer der Höhepunkte dieser Landschaft, der „Königstuhl", für die Anfahrt mit dem Auto gesperrt ist. Fahrräder jedoch haben grünes Licht.

Allerdings muß auch der Radfahrer hier seine Bewegungsfreiheit in Grenzen halten. Es liegt nahe, in Lohme davon zu träumen, mit dem Hochuferweg als dem Hauptwanderweg 12 Kilometer bis Saßnitz zu radeln, den Blick auf Kreidewände und Meer. Aber es handelt sich dabei um einen nur schmalen Wanderweg (zu Fuß!), bei dem selbst Radfahrer stören würden. Nicht zuletzt sind Taleinschnitte durch Treppen oder Brücken ausgebaut, die ein Tragen des Rades erforderlich machen würden. Daher hat die Leitung des Nationalparks diesen Weg für Radfahrer nicht freigegeben. Da ja nicht an jedem Weg ein Polizist postiert werden kann, bleibt es nicht aus, daß dann und wann ein „sportlicher" Radfahrer es nicht lassen kann, die für ihn gesperrte Strecke doch zu benützen. Wir möchten Ihnen das nicht raten. Erwähnt werden muß es aber doch, damit unsere Leser uns nicht vorwerfen, daß ihnen eine reizvolle Strecke versperrt bliebe. Es gäbe sie nur illegal und ohne jeden Respekt vor der Autorität eines Nationalparks.

Zum Glück können wir aber trotzdem abseits des Hochuferwegs die Schönheit der Stubnitz mit dem Rad erleben und vor allem die berühmteste Attraktion, den Königstuhl, auf verschiedenen Wegen mit dem Rad ansteuern. Dagegen müssen Autofahrer ihr Vehikel auf dem Parkplatz von Hagen abstellen. Von hier müssen sie die restlichen etwa zwei Kilometer nach Belieben entweder zu Fuß oder in dem vom Parkplatz aus verkehrenden Pendelbus zurücklegen.

Wir also starten in Lohmes Ortsmitte und wenden uns südlich (zurück). Auf der Höhe der Sendetürme biegen wir links in den schmalen Teerweg, auf dem wir nach 200 Metern Ranzow erreichen. An der Rechtskurve radeln wir geradeaus weiter (Markierung weiß-blau) und auf dem Feldweg am Sportplatz vorbei.

Info Rechts blicken wir auf einen alten **Turm**, der heute dem Bundesvermögensamt Rostock untersteht. Er wurde von einem der Putbusser Grafen erbaut. Sowjetische Soldaten waren hier stationiert, bis für die Rote Armee die Abschiedsstunde schlug. Die Zäune, die alles abriegelten, sind noch vorhanden.

Wir radeln, kurz ansteigend, in den Wald und folgen dem durch Kopfsteinpflaster etwas mühsamen Weg. An der Gabelung (Abzweig rechts zum Schwierenzer Baumhaus) bleiben wir auf unserer Straße links.

Tip Wenige hundert Meter danach zweigt rechts ein Fußweg (Radfahren nicht gestattet) zum 300 Meter entfernten **Herthasee** ab. Von Rotbuchen umrahmt, gehört er zu den

Info

beliebten Zielen der Stubbenkammer-Besucher. Sein Name freilich bezieht sich nicht auf eine alte germanische Göttin Hertha, sondern wurde ihm erst ums Jahr 1800 verliehen. Ebenso sind die damit verbundenen „Sagen" mehr oder minder frei erfunden. Das ändert nichts an der Schönheit des Sees.

Wenn wir von unserem Abzweig noch 600 Meter weiterfahren, stoßen wir auf die Ausflugstraße zum Königstuhl. Früher konnte man auf ihr mit dem PKW bis dorthin fahren. Heute hat man das, angesichts von jährlich mehr als 1,5 Millionen Besuchern (im Sonnerdurchschnitt täglich weit über 5.000!) unterbunden.

Zum ersten Mal wurde der **Königstuhl** 1584 genannt. Wahrscheinlich erhielt der 119 Meter aufragende Kreidefelsen seinen Namen nach skandinavischen Vorbildern, denn auch die Lokalgeschichte weiß nichts von königlichen Ehren an dieser Stelle. Daß Blick und Atmosphäre „königlich" sind, steht auf einem anderen Blatt.

Für die Rückfahrt nach Saßnitz steht also - wie erwähnt - der Hochuferweg nicht zur Verfügung. Das sollte uns nicht hindern, ihm wenigstens ein Stück zu Fuß zu folgen.

Mit dem Rad jedoch rollen wir auf der Straße abwärts in Richtung Saßnitz, um an ihrem Rand die Entfernung rasch zurückzulegen. Aber angesichts des doch sehr lebhaften Gegenverkehrs während der Saison ist der Genuß begrenzt. Daher bleiben wir zunächst auf der Fahrstraße, die nach Hagen zum großräumigen Parkplatz führt. Dabei passieren wir eines der Baumhäuser, das "Hagensche".

Info

Diese **Waldhäuser** gehen auf das Jahr 1546 zurück, als von der fürstlichen Obrigkeit die Waldnutzung durch die Bewohner des Umlandes geregelt wurde. Die Stubnitz durfte nur zu bestimmten Zeiten und auf bestimmten Wegen betreten werden, wobei die festen Wege eingehalten werden mußten. Die Baumhäuser übten die Kontrolle aus. Aus der Zeit der Jahrhundertwende wird berichtet, daß damals neben je 2.000 Fasanen und Kaninchen 200 Stück Rot- und Damwild in diesem Jagdrevier erlegt wurden.

Am Waldausgang kurz vor Hagen achten wir auf den Waldweg, der mit seinem Kopfsteinpflaster links von der Stubbenkammerstraße abzweigt. Er führt uns, vorbei an der westlich gelegenen Försterei, zum sogenannten "Rusewaser Damm" (weiß-rot-weiß markiert). Die Markierung leitet uns zur großen Kreuzung in Buddenhagen mit einer nützlichen Informationstafel. Sie weist auf drei Möglichkeiten hin: auf der alten Stubbenkammerstraße zur Saßnitzer Kirche, rechts über den Ortsteil Lancken nach Saßnitz (wie vom Hinweg bekannt) oder - für Unternehmungslustige - über das Forstamt Werder zur Gaststätte „Waldhalle" mit den nahen (oft fotografierten) Kreideformationen der Wissower Klinken. Von der „Waldhalle" kurz zurück zum Großsteingrab und (ausgeschildert) bis zum Parkplatz Wedding und in Saßnitz zum Bahnhof zurück. Durch Weddingstraße, ansteigende Bergstraße und über Hauptstraße in die Bahnhofstraße.

Stubbenkammers Kreidefelsen gehören zu den Attraktionen auf Rügen >

Toureninfos

 Vollständige Tour nahezu 40 km, ohne Schloß Spyker ca. 28 km.

 Bahnhof Saßnitz.

 Trotz der erwähnten Einschränkungen ist das Rad die ideale Möglichkeit, das Reich von Stubbenkammer zu erleben. Auf einem Teil der Strecke darf man allerdings nicht gegen Kopfsteinpflaster "allergisch" sein. Als die Wege in der Stubnitz für den Holztransport befestigt wurden, waren Teerstraßen noch nicht üblich. Sie würden auch nicht ins Naturbild des Nationalparks passen - die für Autos zugelassene Hauptachse ausgenommen. Jedem Radler aber muß man raten, hier und da (Herthasee, Wissower Klinken usw.) das (gut gesicherte) Rad stehen zu lassen und ein halbes Stündchen oder dergleichen für einen Fußgang zu benützen. Das bedeutet auch, daß man gut tut, sich für die Tour einen ganzen Tag Zeit zu lassen.

 Saßnitz und Lohme: zahlreiche; Schloß Spyker: Hotel-Restaurant; Neddesitz: „Gaststätte zum Kreidefelsen" ; Hagen: Parkplatz mit Kiosken. Im Wald:"Waldhalle" (Cafégarten)

 Keine empfehlenswerten Strände, aber Badestelle Spykerscher See.

14

Nördlicher geht's nicht: Kap Arkona

Im äußersten Norden Rügens, nur durch den schmalen Landstrich der Schaabe mit der sonstigen Insel verbunden, streckt die **Halbinsel Wittow** ihr fruchtbares Land in die Ostsee hinaus. Nördlichste Spitze ist die 46 Meter hohe Steilküste des **Kaps Arkona**. Dies ist zugleich der Punkt, der Dänemarks Insel Moen am nächsten ist. So haben denn auch Dänen im Jahr 1168 die hier angelegte slawische Jaromarsburg zerstört und dafür gesorgt, daß das Christentum auf Rügen einziehen konnte. Vermutlich als Zeichen der Niederlage der slawischen Ranen ist in die **Kirche** von **Altenkirchen** ein steinernes Abbild eines Priesters des Heidengottes Swantevit eingemauert.

So radeln wir hier durch ein historisch bedeutendes Gebiet, denn das bei **Nobbin** (nordöstlich von Altenkirchen) mächtige **Steingrab** entstand vor fünf Jahrtausenden. Ursprünglich siedelten hier die germanischen Rugier. Der Inselname erinnert an sie.

Da die Halbinsel Wittow per Bahn nicht erreicht werden kann, kommt nur die Anfahrt mit dem Wagen (das Fahrrad auf dem Dach) in Frage. Jedoch werden auch Fahrräder vermietet. Denn Radwege sind hier bereits angezeigt. Ausgangspunkt für unsere Tour ist Breege-Juliusruh.

Der Doppelort **Breege-Juliusruh** besteht aus zwei stillen Dörfchen mit nicht mehr als 850 Einwohnern, am nordwestlichen Ausgang der Schaabe. Dank der ruhigen Wasserfläche des **Breeger Boddens** war das Gebiet vor dem Krieg als beliebtes Ziel von Paddlern bekannt. Aber auch Badegäste kamen und kommen gerne nach Juliusruh, so daß sogar ein Kurhaus nicht fehlt. Eine Keramikwerkstatt pflegt seit etwa zwei Jahrzehnten eine von Künstlern entwickelte „Rügenkeramik", die Zier- und Gebrauchsgegenstände umfaßt. Zwischen Breege und Juliusruh erinnert eine **Parkanlage** an Julius von Lancken, der sie im vorigen Jahrhundert schuf und dem Badebereich des Dorfes den Namen gab.

Erstes Ziel ist Wiek am westlich gelegenen Wieker Bodden.

Den Abstecher zum typischen kleinen Fischerhafen von **Breege** sollten wir doch vorher noch machen.

Die Fahrt durch Breeges Dorfstraße (Kopfsteinpflaster) setzt sich mit einer schnurgeraden zweispurigen Betonbahn fort. An der Wegkreuzung nach 800 Metern halten wir uns links auf dem steinigen Schotterweg mit Schlaglöchern. An der folgenden Kreuzung nach einem reichlichen Kilometer erwartet uns ein Picknickplatz mit einem Schutzhäuschen und stattlichem Findling. Ein Galgenberg erinnert daran, daß sich bis 1800 hier die Richtstätte befand. Die Weiterfahrt bringt uns zum Ortsrand von Wiek und im Bogen um eine Reparaturwerkstätte auf eine Querstraße. Kopfsteinpflaster begleitet uns durch den Ort, den wir auf der Fahrstraße rechts in Richtung Altenkirchen verlassen.

Tip

Ein (hin und zurück) 20 Kilometer langer Abstecher führt von Wiek (ausgeschildert) zur **Wittower Fähre** an der Südspitze unserer Halbinsel. Diese Fähre macht die Weiterfahrt nach Trent und/oder Schaprode möglich.

Ein zweiter Abzweig, auf den wir bei der Weiterfahrt nach Altenkirchen zu stoßen, erreicht nach 6 Kilometern den **Dransker Bakenberg**, der sich zum schmalen Landvorsprung des Bug fortsetzt.

Was auf unserer Tour noch auf uns wartet, ist allerdings noch wichtig und reizvoll genug. Das gilt zuerst für Altenkirchen.

Info

Der Name "**Altenkirchen**" verrät es bereits. Hier steht (neben Bergen) die älteste Kirche Rügens. Dies ist mit nahezu 1400 Einwohnern gleichzeitig auch der größte Ort auf der Halbinsel Wittow.

Die Entstehung der **Kirche** ist den Dänen zu verdanken, die den dreischiffigen romanischen Bau errichten halfen, nachdem sie die Ranenburg von Arkona erobert hatten. Spätere Erweiterungen der Kirche brachten zum romanischen Chor ein gotisches Langhaus. Wie Dehios Kunstführer hervorhebt, zeigen sich Chor und Apsis in „ungewöhnlich schmuckvoller Erscheinung". Bemerkenswert im Inneren ist im südlichen Choranbau ein Grabstein aus slawischer Zeit mit einer liegenden Männergestalt. Dieser Mann mit einem Füllhorn war wohl nicht, wie man früher annahm, ein Abbild des Heidengottes Swantevit, sondern einer seiner Priester. Im gotischen Kirchengewölbe sind Tiere zu erkennen: 2 schwarze Hähne und ein Schwein sowie im Triumphbogen ein Pelikan. Was sie bedeuten, läßt sich nur vermuten.

Bedeutendster Pfarrer der Kirche war zwischen 1792 und 1808 Gotthard Ludwig Kosegarten (1758 - 1818), der als Schriftsteller und Freund Ernst Moritz Arndts und Caspar David Friedrichs bekannt wurde. Mit ihm verbunden sind auch seine Predigten unter freiem Himmel für die Fischer von Vitt. Sein Grab befindet sich auf dem Friedhof, der die Kirche anheimelnd umgibt.

Bei der Weiterfahrt sind wir auf die (jedenfalls im Sommer) nicht ganz verkehrsarme Straße 5 (6) A angewiesen. Von ihr fahren wir nach etwa zwei Kilometern rechts zum Großsteingrab von Nobbin. Allerdings ist der Weg, besonders bei feuchtem Wetter, nicht ganz bequem.

Info

Der „Riesenberg", wie man das von den romantischen Malern Friedrich, Carus und Preller gern abgebildete **Großsteingrab** auch nennt, besteht aus zwei trapezförmigen Steinreihen mit zwei stattlichen Ecksteinen als eine Art Wächter nach Süden zu.

Sobald wir von der Kirche reichlich 5 Kilometer zurückgelegt haben, muß der Autoverkehr sich auf einen großen Parkplatz zurückziehen.

Tip

Wer mit dem Wagen hierher kommt, hat die Wahl, ob er ab Putgarten (bitte, nicht mit Puttgarden auf der schleswig-holsteinischen Insel Fehmarn verwechseln!) die restlichen 2 Kilometer bis zum Kap Arkona zu Fuß zurücklegt oder mit dem von einem Auto gezogenen Pendelzug fährt. Mit dem Rad aber haben wir freie Fahrt!

Info

Diese Nordspitze Rügens befindet sich, um es ehrlich zu sagen, nicht unmittelbar bei den beiden **Leuchttürmen**, sondern rund 500 Meter weiter nordwestlich, beim 30 Meter hohen Gellort. Aber zwei Leuchttürme können ja nicht falsch stehen! Wieso

*Die romanische Kirche von
Altenkirchen ist eines der ältesten
Gotteshäuser auf der Insel Rügen >*

überhaupt zwei? Der alte entstand zwischen 1826 und 1829 nach einem Entwurf von Karl Friedrich Schinkel und wurde 1926 und in der Gegenwart restauriert. Die Kunsthistoriker sehen in ihm ein „bedeutendes Beispiel der beginnenden Durchdringung klassizistischer und konstruktivistischer Grundsätze des Bauens" (Dehio). Vor diesem 19 Meter hohen Leuchtturm stand hier eine hölzerne Feuerbake. Auf die Dauer reichte auch der Leuchtturm nicht aus. So trat an seine Stelle vor mehr als 90 Jahren ein modernes elektrisches Blinkfeuer auf einem 36 Meter hohen Turm, das auf eine Entfernung von 40 Kilometern sichtbar ist. Ebenso befindet sich hier eine wichtige Wetterstation. Trotz Radars sind an diesem ins Meer ragenden Kreidefelsen auch heute Leuchttürme notwendig. Sie geben dem Kap seine maritime Wichtigkeit.

Die Leuchttürme sind aber nicht die einzige Sehenswürdigkeit in dieser Gegend! Aus dem ausgehenden ersten Jahrtausend stammt der ansehnliche **Wall der slawischen „Jaromarsburg"**, die die Dänen 1168 zerstörten. Durch den Küstenabbruch ist er jedoch gefährdet. Immerhin erreichte er bis zu 13 Meter Höhe. Bei Ausgrabungen der siebziger Jahre entdeckte man, daß der jetzt sichtbare Burgwall auf den Resten eines früheren Walls entstand.

Noch ein Stück weiter südlich stoßen wir auf die **Kapelle von Vitt.** Das ist ein kleiner, achtseitiger Feldsteinbau unter Putz mit einem Rohrdach. Sie geht auf Kosegarten zurück, der seine Uferpredigten bei schlechtem Wetter durch ein „Uferbethaus" schützen lassen wollte. Allerdings konnte die 1806 von ihm begonnene Kapelle durch die Franzosenzeit erst 1818 (in Kosegartens Todesjahr) geweiht werden. Im Inneren geht von einem neuzeitlichen Bild eines Christophorus eine starke Wirkung aus.

Fast verborgen liegt unterhalb der Kapelle das Fischerdorf, das ihr den Namen gab: **Vitt**. Es ist nicht nur das nördlichste Fischerdorf der Insel, sondern hat von seiner ursprünglichen Gestalt das meiste bewahren können. Rund ein Dutzend rohrgedeckte Häuser sind es, die in einer Art Schlucht geschützt liegen.

99

Wir haben die Wahl, ob wir mit dem bei Vitt vorüberführenden Hochuferweg auf teilweise beschwerlicher Strecke nach Juliusruh zurückkehren wollen oder bequemer (wenn auch weniger aussichtsreich) auf der Straße da-
hinrollen. Bis Putgarten sind wir dabei vom Autoverkehr unbehelligt, ebenso ab Altenkirchen, wenn die Fahrstraße auf 3 Kilometern Länge von einem Radweg begleitet ist.

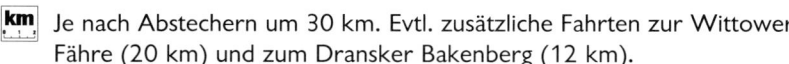

Toureninfos

km Je nach Abstechern um 30 km. Evtl. zusätzliche Fahrten zur Wittower
Fähre (20 km) und zum Dransker Bakenberg (12 km).

START Breege-Juliusruh.

Die gesamte Tour verläuft ohne Steigungen. Zur reinen Fahrstrecke sind
für die Besichtigungen (je nach Interessenlage) zusätzliche Termine zu
rechnen. Wer bei ungünstiger Witterung unterwegs ist, muß auf der
ganzen Halbinsel, vor allem aber auf dem Steilufer oberhalb des Kaps, mit
widrigen Windeinflüssen rechnen.

In Breege-Juliusruh mehrere, darunter das orginelle „Ballhaus Latzhose"
(Saisonbetrieb). Altenkirchen: „Zur Post".

An den Stränden von Juliusruh (1600 m lang) und der Schaabe. Beschei-
denere Strände bei Wiek, Altenkirchen und Putgarten.

Hiddensee - die Insel gleich gegenüber

Gerhart Hauptmann über Hiddensee:
„Wiese und Meer! Meer und Wiese und Wind! Wind, Sturm und ewig branden-
de, rauschende, donnernde Flut! Lerchen am Tag, Lerchen zuweilen im Vollmond
des Nachts! Schwarz-weiße Rinder, im Freien angepflöckt, die abends den Fi-
scher rufen, der blondbärtig meeresfarben geäugt, sie schweren Schrittes nach
der strohgedeckten Fischerkate bringt. Diese Eindrücke zwingen die Seele zur
Einfachheit. Alles Gekünstelte, alles Städtisch-kulturell-Aufgedrängte fällt von ihr
ab. Das ist das Gesuchte, das ist das Gesunde."

Für alle Urlauber auf Rügen gehört der Besuch auf der vor der Westküste
liegenden „nächsten" Insel Hiddensee sozusagen dazu.
Der Ordnung halber sei eingefügt, daß auch andere Inseln im Umkreis von
Rügen seit jeher ihre Beziehung zu der Großinsel nicht verleugnen und von
ihr profitieren. Wer würde - beispielsweise - von der Greifswalder Oie etwas wissen, wenn nicht ganze Generationen von Sommerfrischlern der
Jahrhundertwende für eine Schiffsfahrt dorthin geworben worden wären!
Diese Oie mit ihrem Leuchtturm gehört zu einer einstigen versunkenen
Landbrücke zu Usedom, von der sie - ebenso wie die südwestlich liegende
Mini-Insel Ruden - als höchste Erhebung stehenblieb. Von Ruden weiß man,
daß es erst im 14. Jahrhundert seine Bindung an Usedom verlor. Urig bewaldet ist die vor Lauterbach bei Putbus liegende Insel Vilm. Nach der Nut-
zung durch politisch Privilegierte in der DDR steht sie heute wieder unum-
stritten unter Naturschutz.
Aber wir wollen ja nach Hiddensee, das schon vor der Verklärung durch
Gerhart Hauptmann (der es nicht nur als zweite Heimat ansah, sondern
sich dort auch begraben ließ) zu den beliebten Ausflugszielen der Ostsee-
urlauber gehörte. Von Rügen aus ist Schaprode der beliebteste Abfahrt-
hafen für den „Sprung" über den Schaproder Bodden ins „säute
Länneken" (süße Ländchen), wie die Hiddenseer selbst ihre Insel gern nennen. Ohne Hiddensee wäre Schaprode trotz einer der ältesten Kirchen Rügens wenig bekannt, denn es liegt weit entfernt von den besuchten Ostseebädern: nahezu 50 Kilometer quer über die Insel von Südosten nach Nordwesten. Gegenwärtig schippert die sogenannte „Weiße Flotte", die in Stralsund beheimatet ist, ab 7 Uhr morgens täglich 27mal nach Hiddensee und
zurück. Schaprode ist zum Angelpunkt des erstaunlich populären
Hiddensee-Tourismus geworden.

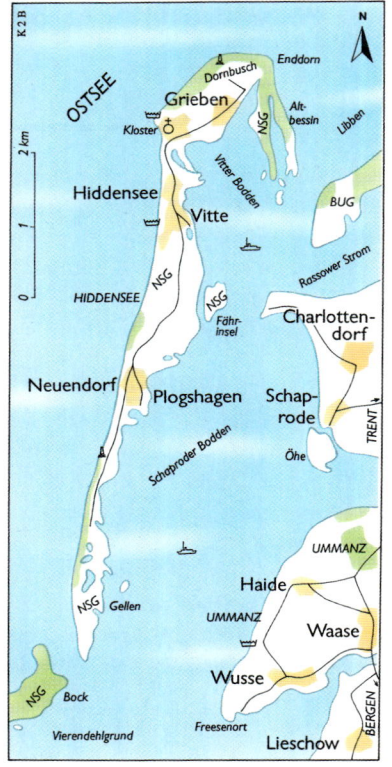

Das hat auch Schattenseiten. Die reichlich 18 Kilometer lange und nur teilweise einen Kilometer breite Insel gerät in die Gefahr, ihren unberührten Zauber zu verlieren. Gewiß - kein Auto darf dorthin mitgebracht werden, so daß die Blechkarossen den großen Schaproder Parkplatz sowohl für Hiddensee-Urlauber als auch für Ausflügler überschwemmen.

Immerhin warten auf Hiddensee nicht weniger als 13 Hotelbetriebe (wenn auch mit gebremster Bettenkapazität) auf Gäste, dazu nicht wenige Privatzimmer und Ferienwohnungen, in vier dörflichen Orten. Mit dem seit 1990 sprunghaft steigenden Tourismus verbinden sich wirtschaftliche Chancen, aber auch Gefahren für Natur und Landschaft. Inselromantik und Gästezustrom stehen in einem beinahe unüberwindlichen Zwiespalt.

Als Gerhart Hauptmann, einer der großen deutschen Dichter des Jahrhunderts (Literatur-Nobelpreisträger 1912) erstmals 1885 und danach immer öfter auf die Insel kam, sah es ganz anders aus. „Der erste Eindruck" - Originalton Hauptmann - „war der von Weltabgeschiedenheit und Verlassenheit." Davon kann heute keine Rede mehr sein. Sicher wäre der Dichter - „zwei Seelen wohnen ach in meiner Brust" - ebenso entzückt wie entsetzt, sähe er die Menschenscharen, die sich in seinem Haus „Seedorn" in Kloster drängen.

Für Radfahrer ist es erwähnenswert, daß die Schiffe - allerdings vorbehaltlich der Zustimmung des jeweiligen Kapitäns - Fahrräder auf die Insel befördern. Wer sein Rad nicht mit sich führt, hat bei einer Anzahl Fahrradverleiher Gelegenheit, zu einem Insel-Zweirad zu kommen. Das sind in Vitte: Müller, Tel. 4 64) und Kula, Tel. 4 72; Kloster: Wannewitz, Tel. 4 26; Neuendorf: Leschner, Haus Nr. 20, ohne Tel.; Grieben: Wenzlaff, Tel. 038300/ 2 77. Auch einzelne Ferienanlagen halten für ihre Gäste Fahrräder bereit.

In gewisser Hinsicht ist Hiddensee eine Insel für Radfahrer. Denn mit dem Rad lassen sich die verschiedenen Orte zügig besuchen. Störender Autoverkehr ist nicht zu befürchten. Andererseits wird das begrenzte Wegenetz, das zwischen den Orten verläuft, vielfach benützt: von Wanderern, anderen Radfahrern und darüber hinaus auch von kleinen Pferdekutschen. Der Umfang des Verkehrs richtet sich verständlicherweise nach der Jahreszeit. Unter diesen Umständen haben wir davon abgesehen, feste Touren auf Hiddensee vorzuschlagen. Anhand einer Inselkarte kann jeder für seine Ziele den passenden Weg aussuchen. Dabei hängt die Route vom vorgesehenen oder möglichen Ausgangs- oder Zielpunkt ab, von der vorgesehenen Zeit (Stoßverkehr nach Ankunft eines Schiffes!) und/oder den Wetterbedingungen der Jahreszeiten. Noch etwas kommt hinzu: Eine Mahnung des insularen Ordnungsamtes der Gemeinde ist zu berücksichtigen. „Das Fahrradfahren ist nur auf den dafür vorgesehenen Wegen erlaubt. Die Deiche sowie Hügel- und Waldwege sind nur auf „Schusters Rappen" zu begehen." Wir halten uns daran - im eigenen und im Interesse derer, die nach uns die Insel besuchen. So ist auch Zelten inselweit strikt verboten.

Hiddensee besitzt außer seinen urwüchsigen landschaftlichen Reizen, die Höhen bis zu 70 Metern (Dornbusch) einschließen, und seinen Stränden drei herausragende Sehenswürdigkeiten:

Die **Inselkirche** von **Kloster** ist ein spätgotischer Bau von 1400, der im 18. Jahrhundert verändert wurde, mit den Resten des einstigen Zisterzienserklosters von 1296. Der Friedhof enthält auch die Grabstätte Gerhart Hauptmanns, wo nach der Vertreibung der Schlesier der ebenfalls ausgewiesene Dichter seine letzte Ruhe fand, wie er es sich unter den gegebenen Umständen gewünscht hatte.

Inzwischen ist seit 1956 in Kloster **Hauptmanns Haus „Seedorn"** (nach seinen Plänen 1930 umgebaut) zur Gedenkstätte geworden. Es ist die einzige Wohnstätte des Dichters, die in ihrer Ausstattung den Zustand repräsentiert, der zu seinen Lebzeiten seine Lebens- und Schaffenswelt ausmachte. Auf Hiddensee spielte sein Drama „Gabriel Schillings Flucht". Entscheidende Anstöße erhielt er hier für sein Werk „Insel der Großen Mutter".

Darüber hinaus besitzt Hiddensee seit 1954 auch ein **Insel-Museum**, in dem (als Nachbildung) der berühmte Hiddenseer Goldschmuck zu bewundern ist. Er entstand im 10. Jahrhundert durch Kunsthandwerker der Wikinger. Das Museum berichtet vom Alltag der Insulaner in Vergangenheit und Gegenwart, über Tier- und Pflanzenwelt und die Arbeit der Vogelwarte. (Geöffnet Mai bis Oktober tägl. 9-16 Uhr).

Abseits vom lauten Getriebe: Fischland und Darß

In der Heimat des „Ostseeliedes"

Wo Rügen und Usedom mit ihren Badeorten liegen, das ist einigermaßen bekannt. Kommt aber das Gespräch auf Fischland und Darß, werden selbst „gute" Ostseekenner wortkarg. Wo und wie liegt das denn gleich? Es ist beinahe abwegig, daß ausgerechnet von hier das „Ostseelied" stammt. Nun ja, das hat ja auch über Jahrzehnte als Nordsee- oder Friesenlied seine wahre Herkunft verleugnen müssen.

„Ostseelied", so nannte die Heimatdichterin Martha Müller-Grählert aus Zingst (östlich des Darß) 1907 ihr Gedicht:

„Wo de Ostseewellen trecken an den Strand,
wo de gele Ginster bleuht in'n Dünensand,
wo de Möven schriegengrell in't Stormgebrus,
da is mine Heimat,da bün ick tau Hus."

Veröffentlicht wurde es 1908 ausgerechnet in der Münchner Zeitschrift „Meggendorfer Blätter", verbunden mit einem großen Strandbild. Geschrieben hatte es die als Jounalistin tätige Martha M-G (1876 - 1939) in Berlin aus Sehnsucht nach der Heimat, die ihr die Eltern versperrt hatten, weil sie sich einem so unweiblichen Beruf wie der Journalistin widmete. In ihrem Geburtsjahr, 1876, wurde Zingst, das bis dahin eine Insel war, landfest mit dem Darß verbunden und zum östlichen Ausläufer der Halbinsel Fischland-Darß. Damit waren hier - wie kurz zuvor in Prerow - die Voraussetzungen für einen Badebetrieb gegeben. Schon 1881 hieß es in einem Prospekt eines Bade-Comités, daß Zingst „nicht blos das ansehnlichste, sondern nach übereinstimmendem Urtheil der Reisenden auch eines der hübschesten Stranddörfer der ganzen deutschen Ostseeküste" sei.

Während heute ein großer Teil der Zingster vom Fremdenverkehr lebt, der von einem 18 Kilometer langen steinfreien Sandstrand mit FKK-Möglichkeiten profitiert, waren die Zingster früher vor allem Bauern, Fischer und Schiffer. Zu den ersten Förderern des Badewesens im vorigen Jahrhundert gehörten pensionierte Kapitäne, die in der Fürsorge für Badegäste nicht nur eine willkommene Zerstreuung, sondern auch eine neue Einnahmequelle erblickten.

Eine Halbinsel - drei Namen

Aus drei einstigen Inseln ist die lange Halbinsel entstanden, die nordöstlich von Rostock, nordwestlich von Ribnitz-Damgarten, beginnt. Oft wird sie nach dem westlichsten Teilstück "Fischland" benannt. Aber solange es für die Halbinsel keinen neuen gemeinsamen Namen gibt, muß es - und darauf legen die Einheimischen Wert! - bei den drei ursprünglichen Inselnamen bleiben: Fischland, Darß und Zingst. Einst umfloß sie das Wasser zwischen der offenen Ostsee und dem Saaler Bodden.

Zu allem Überfluß verläuft auch über diese Halbinsel die alte Grenze, die Mecklenburg und Pommern trennte. Daher sind die Fischländer keine Pommern, die Darßer und Zingster beileibe keine Mecklenburger. Schließlich waren - zwischen dem Dreißigjährigen Krieg und 1815 - die Pommern schwedische Untertanen. Gemeinsam aber war den Halbinsulanern im 18. und 19. Jahrhundert die Leidenschaft für die christliche Seefahrt. Wer Wert auf Ansehen legte, fuhr entweder zur See oder baute in einer der Werften Schiffe. Kein Wunder also, daß im Fischländer Dorf Wustrow 1846 eine Schule für Seefahrer entstand. Ursprünglich hieß das Dorf, Hauptort des Fischlands, lediglich Kirchdorf. Zur Zeit der Segelschiffahrt waren - neben Wustrow - die Fischland-Dörfer Dierhagen und Dändorf ausgesprochen wohlhabend. Das verraten auch die hier und da entstandenen Kapitänshäuser.

Drei Seebäder gehören zum Fischland: Dierhagen, Wustrow und - mit Abstand - die mehr zum Bodden orientierten Alt- und Niehagen, die beide noch das dörfliche Ambiente vermitteln, das in den Küstenorten von der touristischen Orientierung überdeckt ist. Das gilt auch für die Dörfer Wieck und Born, die ländliche Akzente setzen, wo im Kreis der Darß-Orte Prerow und Ahrenshoop die malerische Idylle der Jahrhundertwende, -zumindest während der Sommermonate - von betriebsamer Urlaubsaktivität abgelöst wurde.

Selbst die Natur ist von den Veränderungen erfaßt. Das begann (nach der Sturmflut von 1872) mit der endgültigen Abdämmung des Prerowstroms zwischen Bodstedter Bodden und Ostsee vor 120 Jahren. Damit wurde Realität, was in den Jahrhunderten vorher dem eher zufälligen Einfluß des Meeres unterlag. Darß und Zingst, früher durch den Strom geschieden, schlossen sich aneinander an. Noch vor einem Jahrhundert überragte unübersehbar die Hohe Düne, östlich von Prerow, die Küstenlandschaft. Aus der sandweiß schimmernden Düne ist inzwischen ein begrünter Hügel geworden, der den schönsten Ausblick über See und Bodden vermittelt. Jenseits des Prerowstroms stand seit dem Mittelalter die „Hertesburg" als

Auch Graal-Müritz hat eine 350 m lange Seebrücke

Jagdschloß und späterer Amtssitz. „Dat oll Slat" nannten die Einheimischen die Wallanlage, die inzwischen vom Grün der Bäume überragt und teilweise verdeckt ist.

Ein Blick auf die Karte macht deutlich, daß neben den Küsten der Darß die beherrschende Landschaft der Halbinsel ist. Das 6.000 Hektar umfassende Waldgebiet, heute unter Naturschutz und durch ein behutsam angelegtes Wegenetz erschlossen, hat (ähnlich binnenländischen Waldgebieten nach 1945) zu Beginn des 18. und des frühen 19. Jahrhunderts von Dänen oder Franzosen erfolgte Abholzungen überstanden und seine abwechslungsreiche Natur bewahrt. Auch die schweren Sturmschäden von Oktober 1967, die hier rund eine Million Bäume zu Fall brachten, sind heute nur noch für Forstleute erkennbar. Aber es gibt - wie auch die vom Wind gebeugten und verzerrten Bäume, die sogenannten „Windflüchter", beweisen - wenige deutsche Waldgebiete, die sich in ähnlicher Weise gegenüber den Gewalten von Natur und Wetter behaupten müssen. Geradezu ein Kontrapunkt zur Urwüchsigkeit des Darß sind die anmutigen, anheimelnden Dörfer, denen wir zwischen Dierhagen im Westen und Zingst im Osten begegnen.

15

Beinahe nebenan:
Von Fischland nach Graal-Müritz

Info

Dierhagen mit seinen insgesamt fünf Ortsteilen hat sich als Ostseebad erst in diesem Jahrhundert entwickelt und ist wohl das am wenigsten bekannte der Fischlandbäder. Offene Ostsee und Boddenküste sind hier teilweise weniger als einen Kilometer voneinander entfernt. Mitten hindurch führt die heutzutage betriebsame Fahrstraße, die seit den 50er Jahren die früheren sandigen und nur mühsam passierbaren Verbindungswege ersetzt hat.

Wir nehmen Dierhagens Kurverwaltung in der Waldstraße, wo auch Parkplätze vorhanden sind, als Ausgangspunkt für unsere Tour. Das Meer zur Linken radeln wir die Waldstraße entlang bis zu einer Kreuzung, von der es links nur ein Katzensprung zum Strand ist. Wir folgen rechts der Ahornstraße 400 Meter bis zur Querstraße, deren breiter Radweg uns nach links zwischen Wiesen, am Sommerkino vorbei, zu einer neuen Kreuzung führt. Über sie hinweg erreichen wir Dierhagen Dorf mit der Strandstraße (mit Radweg) und über eine neue Kreuzung mit der Hafenstraße den Bodden.

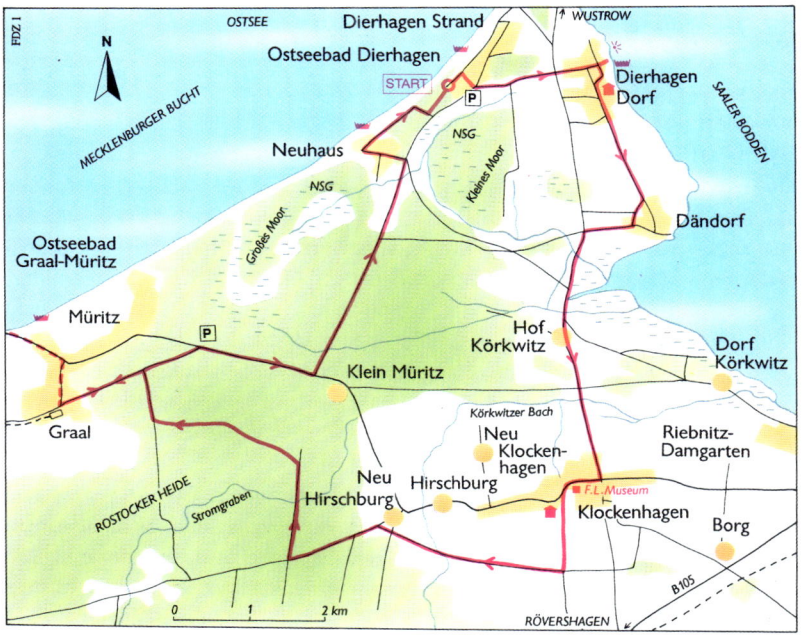

Tip Den kurzen Abstecher zum reizenden alten **Hafen**, von dem wir über den Saaler Bodden blicken können, sollten wir uns leisten.

Über Wall- und rechts Seestraße stoßen wir auf die Kirchstraße mit der Kirche. Wir durchfahren die Kirchstraße nach links mit dem immer noch zu Dierhagen gehörenden Dändorf, das wir nach 2 Kilometern erreicht haben. Schon von weitem grüßt uns ein Windrad. Sobald wir in Dändorf auf eine Querstraße stoßen, wenden wir uns rechts aus dem Ort heraus und müssen an der nun folgenden Querstraße wohl oder übel dieser lebhaft befahrenen Verbindungsstraße (bisher ohne Radweg) folgen. Etwa 2,5 Kilometer nach Hof Körkwitz überquert sie mit einer Brücke den Körkwitzer Bach.

Info Das folgende Dorf ist **Klockenhagen**. Es ist in den letzten Jahren durch sein **Freilichtmuseum** bekannt geworden. Wir erreichen es, indem wir von der Kreuzung in Klockenhagen auf dem Fuß-Radweg rechts radeln. 1969 hatte sich Bauer Heinrich Peters entschlossen, seinen Hof der Allgemeinheit als Museum zu öffnen. Damals standen hier ein über 300 Jahre altes Bauernhaus, ein sogenanntes "Niedersächsisches Hallenhaus", eine Scheune und ein Ziehbrunnen. Bald kamen weitere Bauten auf das Gelände: andere Hallenhäuser, ein Katen und ein Backhaus sowie eine Bockwindmühle. Alles zusammen vermittelt einen lebendigen Eindruck, wie die mecklenburgische Dorfbevölkerung zwischen 17. und 19. Jahrhundert lebte und wohnte. Darüber hinaus gibt es auch eine Gaststätte.

Für die Weiterfahrt nach Graal-Müritz biegen wir hinter dem Museumsgelände links in den breiten Schotterweg. Durch die Felder stoßen wir nach einem reichlichen Kilometer auf eine große Kreuzung, von der wir rechts auf einer Teerstraße weiterfahren. Durch Wiesen mit Rindvieh, vorbei am Silo, überqueren wir mit einer Metallbrücke den Körkwitzer Bach. 4 Kilometer nach Klockenhagen sind wir in Neu-Hirschburg, das wir nach links auf der Teerstraße passieren. Jetzt folgt der hohe Mischwald von Forst Hirschburg. Wir rollen am Wildgatter entlang, dann im offenen Kiefernwald, bis wir auf den Wegweiser in Richtung Dierhagen stoßen. Vor ihm biegen wir nach rechts und durchrollen - trotz einiger Schlaglöcher (bei Nässe weniger angenehm) - genußvoll den Wald. Bei der Bank an der Kreuzung bleiben wir geradeaus, durchfahren zwei Schranken und weitere Kreuzungen. Bei der bunten Wandermarkierung an einem Baum halten wir uns links durch den mit viel Farnen belebten Wald. Eine Strecke zum Genießen, die teilweise sanft abwärts führt.

Sobald wir etwa 5 Kilometer hinter Neu-Hirschburg auf eine Querstraße stoßen, biegen wir rechts ab und fahren geradeaus und leicht abwärts. Nach 700 Metern haben wir den breiten Graaler Landweg erreicht, der uns links zum gut einen Kilometer entfernten Bahnhof von Graal-Müritz führt.

Zum Fischland gehört das Ostseeheilbad (seit 1960) mit dem Doppelnamen **Graal-Müritz** (wobei Müritz der dem Fischland nächste Ortsteil ist) nicht mehr. Allerdings schlägt die Rostocker Heide jenseits des noch zu Dierhagen zählenden Neuhaus und des Großen Moors eine grüne Waldbrücke, die Fuß- und Radwanderer gleichermaßen entzückt. Und wenn ein Waldrevier Forst Hirschburg heißt und einen Dachsberg (stolze 8,3 Meter hoch!) hat, dann kommt die Romantik voll zu ihrem Recht.

Die Bockwindmühle in Klockenhagens Freilichtmuseum

Info Vom Bahnhof bringt uns die Birkenallee mit ihrer Verlängerung zum Strand. Hier zieht sich die neue **Seebrücke** 350 Meter ins Meer hinaus, am Land vom ehemaligen Haus für die Schiffe der Seerettung flankiert. Wenn wir im Frühsommer hier sind, dürfen wir den Besuch des bunt blühenden **Rhododendronpark** im Westteil des Bades nicht versäumen. Als Gegenstück zu den „Windflüchtern" des Darß (s. Seite 106) hat Graal ebenso wie Dierhagen einen sogenannten „**Gespensterwald**" mit wild gezausten Kiefern am Strand.

Wir folgen vom Bahnhof in östlicher Richtung dem Graaler Landweg, zuerst geteert, dann geschottert, an einer Schranke vorbei in Richtung ehemalige Mülldeponie. Am Waldrand und teilweise auch im Hochwald führt uns der grasig werdende Weg zu Tor und Beobachtungsturm der früheren Müllablage. Wir halten uns vor dem Zaun auf einem schmalen Waldweg links und erreichen im Rechtsbogen nach 350 Metern eine feste Straße, die wir schrägrechts überqueren. Ein breiter Schotterweg führt uns rechts, parallel zur Straße, durch Kiefernwald. Nach einem Kilometer beginnt Klein-Müritz, nach dessen Beginn wir links in den Fischländer Weg biegen. An der durch eine Schranke vor Autos gesicherten Wegeinmündung stehen - für den Fall eines Waldbrands - Schaufeln. Wir folgen hinter der Schranke dem breiten geschotterten Waldweg, der schnurgerade nach 3 Kilometern über eine Kreuzung und entlang einer Lichtung auf Neuhaus zuführt. Sobald wir die querlaufende Fahrstraße erreicht haben, rollen wir links auf einem Naturradweg neben der Birkenallee zu den im Wald verstreuten Ferienhäusern von Neuhaus.

Hier wenden wir uns vor dem Hotel „An de See" rechts und an der folgenden Gabelung links in den Weg „Zwischen den Kiefern". Zwischen Ferienhäusern ist der Strandübergang 19 gekennzeichnet. 800 Meter weiter biegen wir rechts in den Farnweg, dem Wegweiser nach Dierhagen Strand (2,5 km) folgend. Durch den Wald radeln wir bis zur Waldstraße, womit wir Dierhagen und damit auch die Kurverwaltung erreicht haben.

Toureninfos

km 27 km.

START Kurverwaltung Dierhagen.

 Rechnen Sie hinreichend Zeit für die Besichtigung des Freilichtmuseums Klockenhagen und die Rundfahrt durch Graal ein. Als Ausgleich für ein Stück auf der belebten Fahrstraße entschädigt uns die einsame Fahrt durch das Waldgebiet zwischen Neu-Hirschburg und Graal.

 Dierhagen und Graal-Müritz: zahlreiche; Klockenhagen: „Lütten-Kleinen Haus" im Freilichtmuseum.

 Viele an den Stränden, evtl. auch am Bodden.

 Klockenhagen, Freilichtmuseum: Apr-Nov tägl. 9-17 Uhr.

Typisches „Fischlandhaus" in Wustrow

16

Fischlanddörfer und Fischlandhäuser (Karte S. 114)

Info

Woran erkennt man das Fischland? Mit Sicherheit an den typischen **Rohrdach-häusern,** die hier eine Besonderheit aufweisen: Das Dach steht an der Giebelseite, von hölzernen Stützen getragen, weit über, um diese dem Sturm vom Meer zugewandte Seite besser zu schützen. Vor allem **Wustrow** besitzt eine beträchtliche Auswahl davon, insbesondere in der Eck-Permien-Straße und der Neuen Straße, die zugleich reizvolle Fotomotive bieten. In einem dieser Häuser Wustrows befindet sich ein anheimelndes Heimatmuseum.

Der Start für unsere Tour erfolgt in Dierhagen. Dabei bieten sich zwei Wege an. Entweder radeln wir, dem Wiesenweg folgend und am Hotel „Käppn Brass" entlang, beim Strandübergang 10 auf den Hochwasserschutzdeich. Auf seiner Krone läuft ein geteerter Weg.

Tip Oder wir schwingen uns in Dierhagen in den Fischländer Weg (s. Seite 110), der uns zügig nach Wustrow bringt. Dabei passieren wir, kurz vor Wustrow, das aus kleinen Rohrdachhäusern bestehende Hotel Wustrow und blicken auf ein Windrad.

In Wustrow mit seinen zahlreichen Rohrdachhäusern verlassen wir den Deich vor dem schön restaurierten Haus der Gesellschaft zur Rettung Schiffsbrüchiger und wenden uns links in Richtung auf den Strand. Vor der Düne nehmen wir den Schotterweg nach rechts. Hinter Wustrow fahren wir am Waldrand entlang und durchs Feld. Der zweispurige Betonweg knickt rechts ab und bringt uns nach 750 Metern schurgerader Fahrt an die Hauptstraße. Über sie hinweg sind wir in Altenhagen. Vor dem ersten Haus mit dem typischen vorgewölbten Rohrdach (Boddenhaus) halten wir uns rechts auf dem Weg "Zum Kiel" durch Altenhagen und Niehagen abwärts zum Saaler Bodden.

Tip Damit sind wir am Hafen von **Altenhagen,** von dem aus jeden Tag die MS Bültenkieker in See sticht: 14, 16 und 18 Uhr und am Wochenende zusätzlich 11 Uhr. Für 20 Mark (Kinder die Hälfte) sind wir anderthalb Stunden im Bodden unterwegs, der Teil des Nationalparks ist.

Mit oder ohne Schiffsausflug folgen wir vom Hafen dem Weg parallel zum Landesschutzdeich, der zunächst nicht betreten werden darf, später aber wieder frei ist.

Wir halten uns in der Nähe des Saaler Boddens und erreichen den Ortsrand von Ahrenshoop. Dabei passieren wir auf der Rückseite von Ahrenshoop (das Fischland im engeren Sinn ist damit beendet) Kläranlage und Schwedenschanze und radeln unterhalb des grasigen Schifferbergs entlang. Sobald wir den Rand des Ahrenshooper Holzes (unter Naturschutz) passiert haben, führt unser Weg durch Felder und Wiesen, wobei uns rechts der Ausblick über den Bodden begleitet. Bevor wir das Dörfchen Born erreichen, müssen wir an einem landwirtschaftlichen Betrieb vorbei über eine große Kreuzung. Hier können wir uns entscheiden, ob wir Born „mitnehmen" wollen.

Info Insbesondere Liebhaber von Torten würden etwas verpassen, wenn sie in **Born** nicht das moderne Café Wilke aufsuchen würden. Ein solches Tortenangebot ist für ein kleines Dorf erstaunlich. Aber das weitläufige Dörfchen, durch das es sich geruhsam radeln läßt, hat noch mehr zu bieten. So im Zug der Chausseestraße einen **Aussichtspunkt über den Koppelstrom,** der den Übergang zwischen dem Saaler Bodden und dem Bodstedter Bodden bildet. Mit der Straße "Im Moor" und dem Kirchweg erreichen wir die reizende, mit Rohr gedeckte **Holzkirche,** mit der der Spruch verbunden ist „Was der Mensch sät, das wird er ernten". Für eine Innenbesichtigung meldet man sich bei Herrn Röll im Bäckergang im Schreibwarengeschäft gegenüber. Born weist überdies - ähnlich wie Ahrenshoop und Prerow - hübsch bemalte Haustüren auf. Kurzum ein richtig gemütliches Dorf, das einen Abstecher gewiß wert ist.

Wem aber die rund 5 Kilometer zu weit sind, der entscheidet sich für den kürzeren Weg. Er beginnt an der großen Kreuzung (hinter Kläranlage und Landwirtschaftsbetrieb) und führt vom Waldrand des Darß nach 600 Metern über die Fahrstraße und an der Gabelung links weiter durch den Wald.

Das ist ebenfalls unser Rückweg, wenn wir Born hinter uns gebracht haben.

Der sandige Reitweg mit der daneben laufenden festen Fahrspur führt nach 3 Kilometern schöner Darßstrecke zuletzt links mit dem Küstenweg (s. unten) zum Parkplatz „Drei Eichen", wobei wir vorher die Jugendherberge passieren.

Wer von "Drei Eichen" den Darß und seine Küste besonders eindrucksvoll erleben will, leistet sich den (hin und zurück) 8 Kilometer langen Abstecher zur wilden Landschaft von **Esper Ort**. Hier zeigen sich die "**Windflüchter**" (s. Seite 106), denen sogar Johannes R. Becher ein Gedicht widmete, in ihrer urwüchsigen Art.

Um von "Drei Eichen" nach Ahrenshoop zu kommen, folgen wir entweder der vielbefahrenen Straße parallel durch den Wald oder entscheiden uns für den schmalen feuchten Waldpfad, der uns durch einen Zaun zum Deich und auf ihm bis zum Waldrand führt. Danach halten wir uns - da das Betreten der grünen Deichkrone hier nicht gestattet ist - auf dem Radweg vor dem Deich links, bis wir den Ortsrand von Ahrenshoop erreicht haben. Hier müssen wir nochmals den Deich überqueren, um auf der Höhe der neu erbauten Reha-Klinik rechts den Fußweg zu benützen. Nahe dem Hohen Ufer halten wir uns zügig an Ahrenshoop entlang und weiter in Richtung Wustrow.

Mit **Ahrenshoop**, das bereits zum Darß gehört, erleben wir einen der schönsten Orte an diesem Teil der Küste. Schon vor 1900 wurde es von den ersten Malern entdeckt, die sowohl das idyllische Ortsbild wie die großartige Landschaft des **Hohen Ufers** (ein wildes Steilufer) schätzten. Paul Müller-Kaempff war 1892 der erste, der gemeinsam mit weiteren Kollegen 1909 den „**Kunstkaten**" zur Ausstellung ihrer Bilder errichteten. Er hat inzwischen weit über Ahrenshoop hinaus Beachtung gefunden. Zu denen, die sich hier wohlfühlten, gehörten der vor dem Krieg bekannte Fritz Koch-Gotha und der Karikaturist Hermann Abeking. Sie verschafften auch einem 1912 gegründeten Café nach wechselvoller Entwicklung den Namen „Café Namenlos", unter dem es seit Ende 1991 wieder, nahe dem modernen Kurhaus, qualitätvolle Gastlichkeit vermittelt. Ähnlich beliebt ist auch das auf dem Hohen Ufer angesiedelte Café-Restaurant „Buhne 12". Beim Radeln durch die Straßen Ahrenshoops wechseln idyllische Rohrdachhäuser und bunt bemalte Türen als Fotomotive ab.

Für die Rückfahrt in Richtung Dierhagen haben wir keine große Auswahl. Der aussichtsreiche Weg am Hohen Ufer, vorbei am 18 m hohen Balkenberg, bringt uns nach Wustrow und weiter nach Dierhagen.

Toureninfos

km Etwa 35 km, Abstecher Born inbegriffen.

START Kurverwaltung Dierhagen.

Die schmalen Landbrücken zwischen Dierhagen und Ahrenshoop erlauben nur wenige Variationen. Wer keine andere Gelegenheit hat, den Darß näher kennenzulernen, kann von Born aus auch den (ausgeschilderten) Weg durch den südlichen Darß bis zum Kreuzungspunkt von fünf Wegen, dem „Großen Stern", wählen. Von ihm aus kehren wir zur Kreuzung von "Drei Eichen" zurück. Im ganzen Darß ist ein Abweichen von den für Radfahrer gestatteten Wegen nicht zulässig. Die Besichtigungen von Wustrow, Ahrenshoop und Born nehmen einige Zeit in Anspruch, so daß sich die Tour sinnvollerweise über einen Tag erstreckt.

In allen Orten viel Auswahl.

An den Stränden von Ostsee und Bodden.

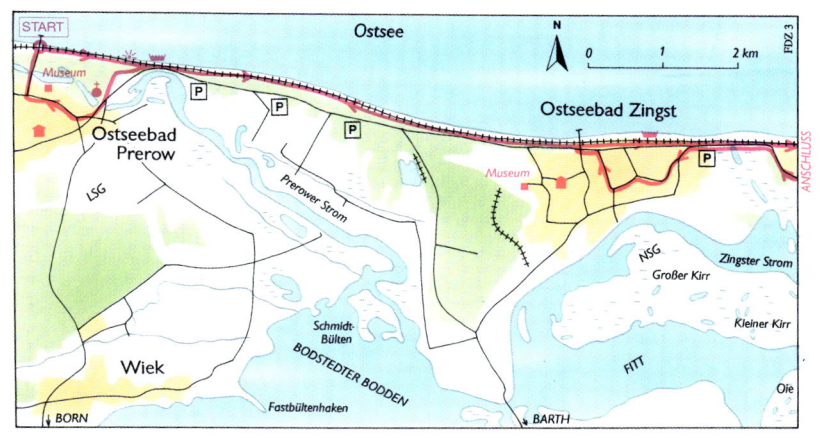

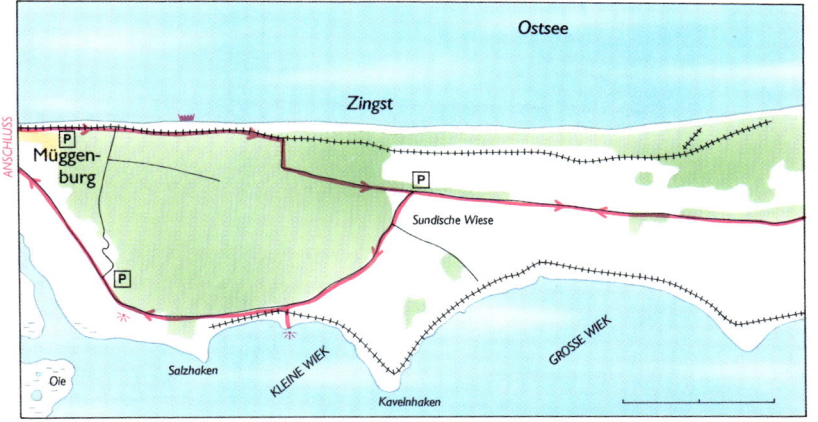

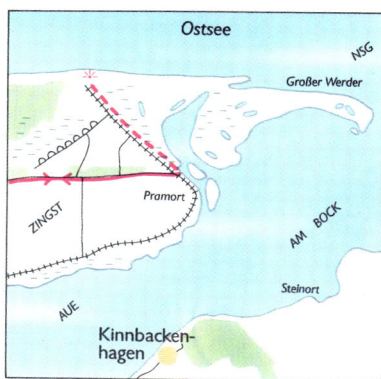

Karte zu Tour 17, Seite 116

Zingst nimmt gar kein Ende...

Info

Als „weitläufige Dörfer" von ungefähr 3 Kilometern Länge bezeichnete schon vor 70 Jahren ein Reiseführer Prerow und Zingst. Dabei war „der" Zingst (s. Seite 104) ursprünglich eine selbständige Insel, die erst durch die Abdämmung des Prerowstroms landfest geworden ist. So unterscheiden sich die beiden beliebten Badeorte erheblich.

Prerow hat sich diesseits des Prerower Stroms eng an den Darß geschmiegt und sich ein Stück in ihn hinein ausgedehnt. **Zingst** hat mit dem Darß nichts mehr zu tun und wird nach Süden durch den Zingster Strom des Barther Boddens begrenzt.

Das Städtchen **Barth** (12.500 Einwohner) auf dem nahen Festland drängt sich mit seiner 87 m hohen Marienkirche (auch Seezeichen!) unübersehbar ins Blickfeld. Eine 1910 für die Bahnstrecke erbaute Brücke über den Bodden schloß Zingst enger an Barth an. Nahe dem großen Marktplatz steht die sehenswerte **Marienkirche** des 14. Jahrhunderts mit hohem Turm aus dem 15. Jahrhundert. Wichtigster Rest der spätgotischen (15. Jahrhundert) Stadtbefestigung ist das **Dammtor** (Foto Seite 119).

Vor allem aber radeln wir vom Ortskern Zingst (mit 3.400 Einwohnern) auf oder hinterm Deich kilometerweit nach Osten. Wer eine Luftaufnahme im Prospekt oder auf einer Ansichtskarte betrachtet, kann über das „endlose" Band des von Buhnen geschützten feinsandigen Strandes, 18 Kilometer lang, nur staunen.

Natur dominiert hier mit dem **Nationalpark Vorpommersche Boddenlandschaft**, mit dem 800 Hektar umfassenden **Osterwald** - bis hin zu der sich auf beachtliche 13 Meter erhebenden **Hohen Düne** von Pramort und dem im Herbst von bis zu 30.000 Kranichen als Schlafplatz genützten **Kleinen Werdern**.

Zingst hat sich, das verrät auch ein kleines aber liebevoll aufgebautes **Heimatmuseum**, vom Seefahrer- zum Fremdenverkehrsort entwickelt. Wer kann sich heute noch vorstellen, daß vor einem guten Jahrhundert nicht weniger als 80 Kapitäne und nahezu 200 Seeleute hier ihre Heimat hatten? Eine „Zingster Sommergalerie" zeigt bildende Kunst von Künstlern aus der Region, die heimische Landschaftseindrücke vermittelt.

Wir beginnen unsere Radwanderung - in Ermangelung eines Bahnhofs - von der 380 m langen Seebrücke von Prerow. Der Deich zwischen Prerow und Zingst in östlicher Richtung - nicht zu verfehlen - darf befahren werden. Der Weg auf der Krone ist sogar geteert. So rollen wir genüßlich nördlich vom Prerowstrom, parallel zum Wald, vorbei an zahlreichen Parkplätzen und numerierten Deichübergängen zum Strand. Nach gut 3 Kilometern zweigt rechts die Straße nach Barth ab. Wir aber bleiben geradeaus stets in östlicher Richtung auf Zingst zu. Wenn wir die Strandstraße mit der 1993 eingeweihten Seebrücke (250 Meter lang) erreicht haben, liegen die ersten 7 Kilometer unserer Tour bereits hinter uns.

Wir haben die Wahl, ob wir auf dem Deich oder auf der festen Straße unterhalb die Urlaubsbauten von Zingst passieren wollen: Wohn- oder Ferienhäuser, Pensionen und Gaststätten reichen sich rechts von uns die Hände. Rund anderthalb Kilometer hinter Zingsts Kurhaus mündet der geteerte Deichweg in die Fahrstraße. Ein Stück weiter zweigt rechts bei Zingsthof mit seinen Häusern die Fahrstraße ab.

Der Deichweg führt uns geradeaus bis zu dem rechts abzweigenden Wieker Weg, der zur kleinen Wieck des Barther Boddens führt. Der schöne Waldweg stößt auf das sogenannte "Dreiländereck".

Die Kreuzung "**Dreiländereck**" mit einem Grenzstein aus dem Mittelalter markiert den Punkt, an dem die Besitzungen der Städte Barth und Stralsund sowie des Amtes Barth aufeinander stießen. Ja, es gab sogar damals einen Grenzgraben, der kilometerweit durch Findlinge markiert war. So streng waren (nicht nur im Mittelalter) die Bräuche.

Vom Dreiländereck aus halten wir uns - ständig im Wald - links, erreichen nach 1,5 Kilometern auf einem kerzengerade verlaufenden schmalen Betonweg den Parkplatz für die Sundische Wiese. Von hier aus ist Autoverkehr zur Ostspitze von Zingst nicht mehr erlaubt, so daß wir mit dem Rad voll zu unserem Recht kommen.

Wer möglicherweise den Weg hierher mit dem Wagen zurückgelegt hat, findet nahe dem Parkplatz einen Fahrradverleih. Direkt am Parkplatz ist ein Informationshäuschen mit einer bemerkenswert freundlichen Dame besetzt, die mit Engelsgeduld alle neugierigen Fragen beantwortet. Hoffentlich ist sie noch tätig, wenn Sie und wir das nächste Mal herkommen. Von hier aus können wir im übrigen auch mit dem Kremser (Abfahrten 11.30, 14.30 und 17.30 Uhr) zum Beobachtungsplatz der Kraniche bei Pramort fahren.

Die gut befahrbare ehemalige Militärstraße erreicht nach reichlich 8 Kilometern, die einen Begriff von der Ausdehnung des Zingst geben, Pramort.

Wer hier angekommen ist, kann noch einen Fußmarsch von - hin und zurück - gut 4 Kilometern nach links auf sich nehmen, um mit der **Hohen Düne** einen überwältigenden Ostseeblick zu erleben. Den ermöglicht auch eine Aussichtsplattform bei **Pramort**. Aber hüten Sie sich vor übertriebenen Erwartungen: Für die 30.000 bereits erwähnten Kraniche ist das Gebiet mit den vorgelagerten **Werdern** in erster Linie ein Schlafplatz beim herbstlichen Wanderzug. Auch die zahlreichen Arten von Gänsen, Enten und Wattvögeln machen hier in erster Linie zur Rast Halt. Nur ein kleiner Teil brütet im Frühjahr. Insbesondere ist der Hochsommer nicht unbedingt die günstigste Zeit für die im Herbst hier mögliche Begegnung mit seltenen Zugvögeln. Landschaftlich freilich gehört das Dünengebiet nordwestlich von Pramort, das sich ständig verändert, zu den Glanzpunkten der vorpommerschen Ostseeküste. „Östlich der Hohen Düne schließt sich eines der schönsten Primärdünenfelder ... an", verrät ein Wegweiser des Nationalparks.

Für den Rückweg bleibt uns zunächst nur die vom Militär angelegte Straße nördlich des „Sperrgebiets", die wir ja schon kennen. Auf ihr erreichen wir erneut den großen Parkplatz „Sundische Wiese". Diesmal folgen wir der Fahrstraße, die am Rand des Osterwalds südwestlich zur Wiek führt. Nur in der Hochsaison ist der Autoverkehr hier etwas lebhafter. Zwischen ein paar ländlichen Anwesen können wir über Kopfsteinpflaster links auf dem Deich bis zum Wiekufer des Boddens fahren und den Ausblick von hier erleben.

> **Info** Auf der weiteren Strecke liegen zwischen uns und dem Bodden die - je nach Jahreszeit - von Rindvieh und/oder Schafen beweideten **Salzwiesen**. Sie wurden, obwohl sie natürliche Übergangszonen zwischen Land und See waren, nach der Sturmflut von 1872 durch Deiche abgeschlossen und durch Entwässerung für die Landwirtschaft nutzbar gemacht. Neuerdings ist man dabei, die Eindeichung rückgängig zu machen und sie nur noch für die Orte zum Schutz der Besiedlung von Zingst und Müggenburg aufrecht erhalten.

Dieses Stück unserer Fahrt führt uns über 8 Kilometer von der Sundischen Wiese bis Zingsthof, das wir bereits kennen.

Wir können ab hier nach Belieben auf dem Deich oder auf der Straße fahren. Sobald wir den Ortseingang von Zingst erreicht haben, biegen wir links in den Müggenburger Weg und stoßen im Linksbogen auf die Birkenstraße. Wir passieren eine Wald-Freilichtbühne, folgen dem betonierten Weg "Rosenberg" und radeln - an der Gabelung rechts - durch Zingst zum Deich. Hier wenden wir uns links zum Ortszentrum mit der Seebrücke. Die Rückfahrt nach Prerow im Zug des Deichs ist uns vom Herweg bekannt. 6 Kilometer hinter Zingst endet die Deichstrecke. Vorbei an der Informationstafel nehmen wir unseren Weg auf dem Rad-Wanderweg geradeaus durch ein Wäldchen. Sobald wir Prerows Seemannskirche erreicht haben, überqueren wir den Prerowstrom und radeln durch den Ort in Richtung Strand, wo wir gestartet sind. Der Weg berührt folgende Straßen: Hafenstraße, Strandstraße, Waldstraße und Im Schüning.

Toureninfos

 52 km (evt. zusätzlich zu Fuß zur Hohen Düne zusätzlich 4 km).

 Seebrücke in Prerow.

 Das ist eine lange Tour, die wir uns gut einteilen müssen.

 Zahlreiche in Prerow und Zingst, jedoch keine zwischen Zingst und Pramort.

 In der Ostsee: besonders schöner langer Strand. Wer den Strand zu einem Bad „ohne", also FKK, benützen will, kann mit Übergang 18 (Richtung Prerow) und Übergang 1 (Richtung Osterwald) die dafür vorgesehenen Strandabschnitte ereichen.

Zingst gegenüber: Barth mit Dammtor und Marienkirche

18

Zwischen Ostsee und Bodden

Info

Wenn von Fischland und Darß die Rede ist, dann tauchen zwar die Namen von Prerow, Ahrenshoop und Zingst auf - nur selten jedoch die von Wieck und Born. Sie haben den - unverzeihlichen und unabänderlichen - Nachteil, daß sie nicht an der offenen Ostsee liegen, sondern ruhiger und beschaulicher am Bodden, der für Wieck "Bodstedter", für Born "Saaler Bodden" heißt. Dabei trennen nur läppische 5 Kilometer diese Bodden-dörfer von der Küste. Der Darß aber ist von Wieck oder Born nicht einen Meter weiter entfernt als von Prerow oder Ahrenshoop. Gemeinsam gehören sie zum Nationalpark Vorpommersche Boddenlandschaft und bewahren zu Wasser und zu Lande ein Stück ursprünglicher Natur: 118 qkm Land und 687 qkm Wasser, allerdings unter Einbezie-hung der Rügener Westküste und von Hiddensee.

Wir beginnen unsere Tour an dem mit dem Prerowstrom verbundenen idyllischen Hafen von Prerow.

Info

Wer bisher der **Seemannskirche** von **Prerow** noch keinen Besuch gemacht hat, könnte damit beginnen. Das ist keine „große" Kirche mit einer kunstreichen Geschichte. Sie entstand zwischen 1726 und 1728 und zeigt sich als schlichter Backsteinbau mit höl-zernem Turm „von außen einfach und schmucklos", wie Pfarrer Pless es vor 40 Jahren beschrieb. Aber er fügte hinzu, daß sie innen umso „schmucker" sei. So ist es wirklich. Es ist eine bunte, lebendige Kirche mit Schiffsmodellen und einer 1740 in Stralsund ge-schnitzten gefälligen Taufe. Also: Kirchenbesuch unbedingt einplanen!

Angesichts der Tatsache, daß Prerow seit 1945 keine Zugverbindung mehr hat, ist sein Bahnhof eigentlich ein Widersinn. Er war Endstation der sogenannten "Darßbahn", die Prerow über Zingst mit Barth verband. 1910 begann sie ihr kurzes Dasein. Immerhin beförderte sie allein im Jahr 1913 nahezu 28.000 Fahrgäste, denn die Straßen-verhältnisse waren dazumal zwischen Darß und Fischland denkbar bescheiden. Das galt auch für die Strecke von Prerow nach Wieck oder Born.

Auch für uns trifft das zu, wenn wir vom Hafen und der hier beginnenden Wieker Straße am Ortsende von Prerow links in einen zweispurigen Plat-tenweg biegen. Die Idylle wird von den hier in der Nähe grasenden Eseln unterstrichen. Zwar trennen uns nur etwa 6 Kilometer von Wieck, aber der Plattenweg, der nach 300 Metern rechts abzweigt und schnurgerade durch Felder läuft, schüttelt uns mit den Lücken zwischen seinen Betonplat-ten ganz schön durch. Nur ein kurzer Abschnitt ist geteert. An der Gabe-lung halten wir uns links, überqueren eine Kreuzung und danach einen Graben. Hier und da grasen Kühe.

Info

Am Ortseingang von **Wiek** begrüßt uns das erste Rohrdachhaus. (Der Ortsname wird mal mit "k", mal mit "ck" geschrieben). Dies ist das kleinste Dorf des Darß, auch wenn es sich 2 Kilometer hinzieht. In der Zeit der Segelschiffe im 18. Jahrhundert florierte

Die MS „Heidi" läuft aus zur Boddenfahrt ab Prerow

Info

Wiek dank eines sicheren Hafens am Bodden und vieler seefahrender Einwohner. Einige von ihnen betätigten sich auch mit Erfolg (und späterer Gerichtsverhandlung im heutigen „Alten Krug") als Schmuggler. Als der Darß noch den Namen „Kronsheide" trug, soll hier sogar ein Jagdschloß gestanden haben. Aber vermutlich war es nur das Dienstgebäude eines Jagdaufsehers, der den Wald für die pommerschen Herzöge überwachte. Dieser Winkel von Wieck ist heute auch Wohnsitz der Malerin Rut Klatte aus Sachsen. Mit dem Malerdorf Ahrenshoop kann es freilich nicht mithalten. Aber der Blick über den Bodstedter Bodden ist dennoch „malerisch".

Die Fahrt durchs Dorf führt im Zug der Hauptstraße vorbei an dem bunten Kindergarten und dem Gasthaus in den Borner Weg. Nach einem Stück Wald folgen wir der linken Weggabel, wobei der Wegweiser auf das nach 4,1 Kilometern folgende Born hinweist. Der breite Feldweg passiert ein Rohrdachanwesen und läuft - mit Jagdsitz - am Waldrand entlang. 500 Meter weiter wenden wir uns an der Gabelung links und erreichen unter einer hohen Schranke (die Autos die Weiterfahrt verwehrt) die Kiefern des Darß, durch den wir im Linksbogen radeln.

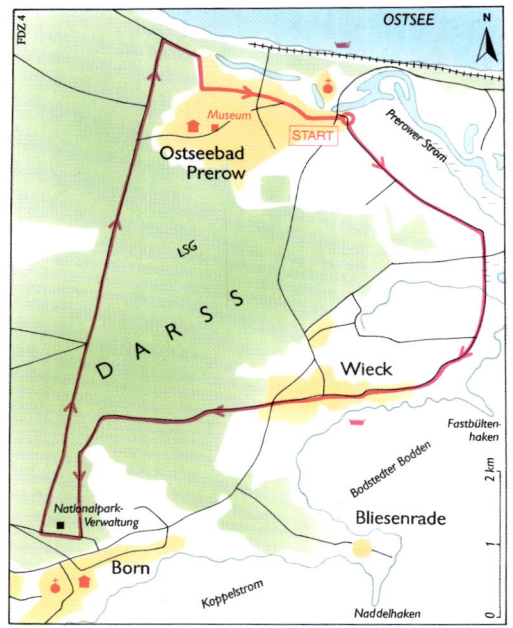

Tip

Sobald wir auf die Fahrstraße stoßen, müssen wir uns entscheiden, ob wir bei dieser Tour auch Born (s. Seite 105) „mitnehmen" wollen.

Wer besonders unternehmungslustig ist, wird auf schmaler Betonbahn nach links durch die Ausläufer des Darßwaldes auch noch den Abstecher nach Bliesenrade einschalten.

Info

Das entlegene Dorf **Bliesenrade** befindet sich am östlichen Ende einer Landzunge zum Bodstedter Bodden und hat einen nach Süden gerichteten Ausläufer, den „Nadelhaken". Es gab Zeiten, in denen das Minidorf lediglich zwei Einwohner hatte. Inzwischen sind es immer noch wenige, aber doch ein paar mehr. Vermutlich besaß es einst eine Art Leuchtturm, eine Feuerbake oder -blüse, woraus sich der Name erklären würde. Während der Saison erwacht Bliesenrade zu einem behaglichen Leben.

Sonst folgen wir dem Wegweiser zur Nationalparkverwaltung nach rechts, fahren an den Dienstgebäuden mit dem prächtigen Hirschtor vorüber. 400 Meter weiter zweigen wir an der zweiten breiten Waldkreuzung nach rechts ab. Die schöne Waldstrecke auf den für Radfahrer zugelassenen Darßwegen erreicht von dieser Kreuzung nach reichlich 7 Kilometern den Nordstrand, von dem wir „narrensicher" rechts nach Prerow zurückkehren können. Im Zug dieser Wegführung sind wir nach knapp 3 Kilometern an Peters Kreuz. Hier befinden wir uns am Leverbruch, an dem vorbei der Weg rechts nach Wiek läuft. Aber wir wollen ja nach Prerow zurück, bleiben also geradeaus bis zur Kreuzung, die als Langseer Weg rechts dorthin führt und nach einem Kilometer eine Schranke passiert. Hinter ihr beginnen die ersten Häuser des Seebades mit einem Reitplatz. Wir radeln die Lange Straße nach rechts, am Waldrand entlang. Dabei achten wir auf das Haus Helgoland, das eine der typischen Prerower Türen, reich bemalt, aufweist. Über die Kreuzung mit dem Wieker Weg erreichen wir geradeaus den Hafen.

Toureninfos

 22 km, dazu Abstecher Born 4 km.

 Hafen von Prerow.

 Es gibt neben und in Verbindung mit dem Besuch der Boddendörfer weitere für Radfahrer geeignete Strecken im Darß. Sie sind durchweg so gut beschriftet, daß eine Orientierung keine Schwierigkeiten bereitet.

 In Prerow: zahlreich;   Wiek: Eiscafé Lange (Garten), „Alter Krug", „Eichenstübchen" u.a.

 Ostsee oder Bodden. Mit Fahrrad durch den Darß zum besonders reizvollen Prerower Weststrand.

An Warnemündes Kurpromenade: Leuchtturm und „Teepott"

Seebäder der Küste - von West nach Ost

Das läßt sich nicht leugnen: Die meisten Seebäder von Mecklenburg-Vorpommern liegen auf Inseln oder wenigstens Halbinseln. Aber bereits mit dem ersten deutschen Ostseebad, Heiligendamm, waren vor 200 Jahren auch Strände der Festlandküste am Badevergnügen beteiligt. Schon in der ersten Hälfte des vorigen Jahrhunderts fand das Beispiel von Heiligendamm Nachahmung.

Freilich: Viel Komfort war zunächst nirgends vorhanden. Die Badegäste mußten sich mit dem begnügen, was die Fischer oder Bauern an der Küste ihnen bieten konnten. „Bretterne Fußböden waren etwas fast Unerhörtes, und daß Behausungen, die ursprünglich für die Tiere des Hauses bestimmt waren, zur Badezeit den fremden Gästen zur Wohnstätte dienten, war damals etwas durchaus Gewöhnliches" (so von Hermann Rhein und Wilhelm Schünemann aus alten Quellen zitiert.) Ebenso mußten die Gäste aus den (meist relativ nahen) Städten ihr Bettzeug und manchen Hausrat mitbringen. Das Baden erfolgte durchs ganze vorige Jahrhundert von „Badekarren" aus, die nach und nach von festen Badeanstalten abgelöst wurden.

Auch eine Cholera-Epidemie die Deutschland 1830 heimsuchte, trug ihren Teil zur Entwicklung des Ostseeurlaubs bei. Wer es sich leisten konnte, verließ mit seiner Familie die Stadt und fühlte sich in der frischen Seeluft vor Ansteckung sicher. So wurde das eine oder andere heutige Ostseebad „entdeckt" und später aus weniger dramatischen Gründen aufgesucht.

Ein paar Jahrzehnte danach - 1872 - spielte die große Sturmflut hier wie auch in Schleswig-Holstein eine ähnliche Rolle. Neugierige wollten sich mit eigenen Augen überzeugen, welche Verheerungen der Sturm angerichtet hatte, und bemerkten dabei die Schönheit und Eigenart der Strandlandschaften. Bald florierte, von dem Aufschwung der „Gründerjahre" beflügelt, das Badeleben, das seitdem das Leben und Treiben an der Küste mehr oder minder maßgeblich bestimmt hat.

Wusterhusens Friedhof weist eine der für
Mecklenburg-Vorpommern typischen Alleen auf >

19

Im Klützer Winkel unterwegs

Zum Bahnhof von Klütz führt eine 15 Kilometer lange Strecke (35 Fahrminuten) von der Kreisstadt Grevesmühlen. Dieser Bahnhof ist unser Startpunkt. Ebenso läßt sich aber die Tour von Boltenhagen aus beginnen, was für alle selbstverständlich ist, die hier Urlaub machen.

Die Anfänge der heutigen Kleinstadt **Klütz** (3.400 Einwohner) liegen im 12./13. Jahrhundert. Die eindrucksvolle **Backstein-Kirche St. Marien** wurde wohl um 1250 erbaut. Der mächtige Turm in der Breite des mittleren Kirchenschiffs wurde ein Jahrhundert später zugefügt. Ältestes Stück im Inneren ist neben dem Taufstein das bemerkenswert schöne Chorgestühl des 14. Jahrhunderts, während die sonstige Ausstattung jüngeren Datums ist.

Wir radeln vom Bahnhof Klütz links in Richtung Markt, ohne uns durch das Kopfsteinpflaster beirren zu lassen. Auf dem Markt halten wir uns links in Richtung Arpshagen mit Gutshaus und den links liegenden alten Wällen einer frühen Burg.

Tip Von hier führt ein Abstecher (2 km), den wir unbedingt „mitnehmen" müssen, zum **Schloß Bothmer**, das eigentlich "nur" ein Herrenhaus der Grafen von Bothmer war.

Info Der barocke, dreiflügelige Bau ist von Wassergräben umrahmt ist. Als Vorbild dienten dem Architekten Versailles und das britische Blendheim Castle. Dies ist die wohl stattlichste barocke Schloßanlage ganz Mecklenburgs. Sie umfaßt 16 Hektar. Der prächtige Stuck im Mittelbau entstand um 1750 von italienischen Künstlern, die sich erstaunlicherweise so hoch in den (unwegsamen) Norden verirrt hatten. Die Allee zum Schloß mit ihren geformten Linden unterstreicht den Eindruck eines ungewönlichen Bauwerks, das heute als Altersheim (Feierabendheim) dient.

Von Arpshagen radeln wir in Richtung Rankendorf durch die Feldmark mit einzelnen Höfen und Baumgruppen. Wenn wir in Rankendorf vor dem Speckturm aus Feldsteinen angelangt sind, biegen wir nach rechts (Norden) und erreichen auf sandiger Strecke Kalkhorst.

Info Die **Backsteinkirche** von **Kalkhorst** des 14. Jahrhunderts hat die Größe eines städtischen Gotteshauses, wurde aber leider durch spätere Anbauten nicht verschönert. Hier ist der Turm sogar ein paar Jahrzehnte älter als das Schiff. Wenn wir innen die spätgotischen Malereien besichtigen, müssen wir wissen, daß durch Restaurierung manches allzu stark „aufgefrischt" wurde. Stattliche, 1745 geschaffene Emporen erwarteten die herrschaftlichen Kirchenbesucher von Schloß Groß Schwansee, das mit seinem ansehnlichen Park heute als Klinik dient.

Tip Von Kalkhorst könnte man jetzt die Tour abkürzen. Dazu fährt man über Groß Schwansee, Elmenhorst, Steinbeck und Redewisch nach Boltenhagen und entweder direkt oder über Tarnewitz nach Klütz zurük. Damit wird die Kilometerzahl mehr als halbiert. Wir ersparen uns überdies die beiden wenig angenehmen schlechten Wege nach Roggenstorf und Tarnewitzerhagen.

Wenn wir uns von Groß Schwansee, das wir von Kalkhorst aus anfahren, nach Süden orientieren, erreichen wir über Neuenhagen und Tankenhagen das beinahe städtisch wirkende Dassow, wo wir auf die B 105 stoßen.

Tip Wenn wir uns den Weg nach Dassow sparen wollen, zweigen wir schon 2 Kilometer südlich von Tankenhagen bei Wieschendorf links ab in Richtung Groß-Voigtshagen.

Info Wir können in **Dassow** mit dem **Dassower See**, der sich mit der Trave-Mündung vereinigt, erkennen, warum vom „Klützer Winkel" die Rede ist: Er bildet nämlich eine Art Halbinsel, die nach Osten von der Wohlenberger Wiek als Teil der Wismarbucht begrenzt wird. Der Ort besitzt eine **Backsteinkirche** mit gotischem Chor.

Tip Von Dassow können wir noch einen Abstecher (4 km) nordwestlich, am Dassower See entlang, zum **Wasserschloß Johannstorf** von 1743 unternehmen.

Vorbei am Gutshof lassen wir uns von der schlechten Wegstrecke nach Roggenstorf nicht beirren.

Info Für Mecklenburg (und Freunde Fritz Reuters) ist **Roggenstorf** der Ort, in dem Reuter die Pfarrerstochter zur Frau nahm, um dann mit ihr auf „Hochzeitsreise" nach Boltenhagen zu fahren. Die Roggenstorfer **Kirche** gehört zu den schlichten mittelalterlichen Dorfkirchen des Landes.

Unmittelbar vor dieser Kirche wenden wir uns rechts, abseits der Straße, und suchen noch im Ort den zwischen Häusern abzweigenden Landweg nach Ponsdorf. Wenn wir nach knapp 2 Kilometern einen Asphaltweg erreicht haben, folgen wir ihm links zwischen Hecken zum Dorf Gutow, wobei wir die Bahnlinie Grevesmühlen-Klütz überqueren. Geradeaus weiter stoßen wir auf Damshagen.

Gegenüber der Kirche zweigen wir rechts ab und nehmen, am Gutshof vorbei, den Landweg nach Großenhof. Dieses Gut trägt seinen Namen mit Recht. Es ist das älteste im Umkreis und ein Fachwerkbau, der heute als Jugendherberge dient. An der Kreuzung danach halten wir uns links, auch wenn der Weg sehr schlecht ist, der über Gantenbeck nach Tarnewitzerhagen führt.

Entschädigt werden wir dafür mit einem naturschönen Landweg, der uns zunächst an die verkehrsreiche Straße in Richtung Klütz bringt. Wir überqueren sie beim Eulenkrug. Damit stoßen wir auf den Landweg nach Tarnewitz. Rechts von unserer Strecke zieht sich der Halbkreis der Wohlenberger Wiek, die zur Wismarbucht gehört. Die Weiterfahrt bringt uns nach Boltenhagen. Wer nicht hier wohnt, wird statt der Straße die Promenade (allerdings sandig!) benützen.

Wenn wir es eilig haben, nach Klütz zu kommen, legen wir die restlichen 3 Kilometer auf der (im Sommer lebhaft befahrenen) Straße zurück.

Nach links erreichen wir Markt und Kirche und auf dem schon bekannten Kopfsteinpflaster den Bahnhof.

Hier und anderswo leuchtet im Frühsommer das Gelb der Rapsfelder

Toureninfos

 57 km mit Abstecher Schloß Bothmer.

 Bahnhof Klütz.

 Mit dieser recht langen Tour wird der Klützer Winkel umrundet. Wem die Strecke zu lang ist, der kann von Kalkhorst aus abkürzen. Empfehlenswerte Aussichtspunkte über den „Winkel" bzw. die Ostsee bieten sich von der Steilküste bei Redewisch und vom Tarnewitzer Kamp. Das Nebeneinander einer urigen Steilküste mit einem feinsandigen Strand bei Boltenhagen ist besonders reizvoll.

 Klütz und Boltenhagen: zahlreiche; Tarnewitz: Gaststätte „Uhu", (Terr); Redewisch: „Zur Steilküste".

 Außer Boltenhagener Strand auch Strand der Wohlenberger Wiek.

130

20

Rerik und Kühlungsborn hießen früher anders

Da liegen, westlich von Rostock, zwei Ostseebäder nahe beieinander: Rerik und Kühlungsborn. Wer aber zufällig einmal in einen alten Reiseführer oder auf eine Landkarte von etwa 1930 blickt, der kann sie nicht finden. Denn beide haben ihre ursprünglichen Namen aufgegeben und durch einen neuen ersetzt.

Rerik, das war bis 1938 (als jemand auf die närrische Idee kam, aus dem kleinen Fischerdorf eine Stadt zu machen) "Alt-Gaarz". Mit dem Namen "Rerik" sollte in einer Gegend mit vielen frühzeitlichen Steingräbern ein Hauch von Wikingervergangenheit anklingen.

Bei Kühlungsborn lagen die Dinge etwas anders. Zwei Orte, Arendsee (westlich) und Brunshaupten (östlich), bildeten einen Bindestrich-Ort. Auf der Suche nach einem gemeinsamen Namen besann man sich, daß hinter beiden Orten das maximal 130 Meter hohe Niedergebirge der Kühlung mit Wald und Schluchten lag, so daß der neue Name durchaus landschaftsbezogen war. Gemeinsam mit dem Nebenort Fulgen wurde auch Kühlungsborn im gleichen Jahr 1938 zu einer Art Stadt.

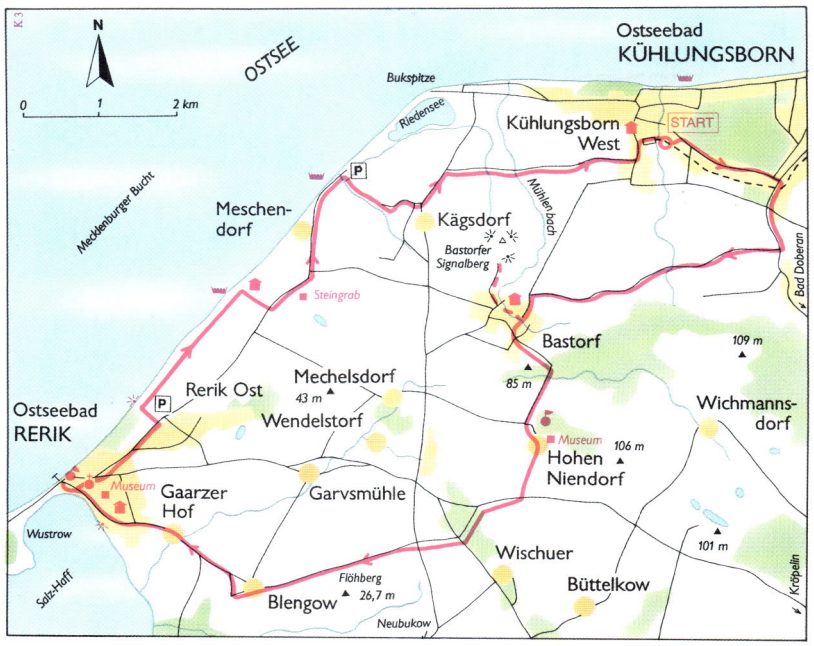

Heute hat Rerik bescheidene 2.100 Einwohner, Kühlungsborn immerhin 8.200. Um als Stadt hinreichend profiliert zu sein, ist Kühlungsborn wenigstens Endpunkt einer Bahnstrecke. Auf ihr dampft von Bad Doberan über 15 Kilometer (in 45 Minuten) der (oder auch die) „Molli" heran. Mit drei Bahnhöfen (Ost, Mitte, West) gleicht das Seebad wahrhaftig einer „richtigen" Stadt.

Als „Grüne Stadt am Meer" und „eines der schönsten Ostseebäder Deutschlands" preist **Kühlungsborn** sich an. Mit rund 9.000 Gästen im Jahr ist es das größte Seebad des mecklenburgischen Teils der Küste. Zu seinen Vorzügen gehören ein 5 Kilometer langer **Strand**, an dem eine (nicht ganz so lange) Promenade mit einem Küstenwäldchen entlangläuft. Grün ist es auch im strandnahen Hinterland mit einem immerhin 133 Hektar großen Stadtwald. Ins Meer hinaus reicht eine 240 Meter lange moderne **Seebrücke**.

Wer einen Sinn für die verspielte Architektur der Jahrhundertwende hat, wird sich in Kühlungsborns **Straße des Friedens** wohlfühlen, die kilometerlang von dieser traditionellen Bäderarchitektur beherrscht wird.

Wenn wir von Bad Doberan mit der „Molli" ankommen, steigen wir in Kühlungsborns Bahnhof West aus, es sei denn, wir wollen zuerst einen Eindruck von Kühlungsborn gewinnen. Dann wäre der Bahnhof Ost besser. Von ihm in Richtung Strand zur Straße des Friedens, auf ihr entlang und hinter dem Kurpark (mit Meerwasser-Schwimmbad) links zur Fritz-Reuter-Straße mit dem Bahnhof West, der Endstation.

Wir verlassen den Bahnhof geradeaus zur Neuen Reihe, die wir nach rechts, am Kühlungsborner Stadtwald entlang, 2 Kilometer bis zur Querstraße an der Bahn radeln. Rechts über die Schienen. Wir folgen der Schloßstraße in Richtung Kröpelin, passieren ein Restaurant mit dem lustigen Namen „Muttis gute Stube" und biegen nach einem Kilometer rechts in den Bastorfer Landweg. Der breite Landweg, der nach 3,5 Kilometern Bastorf erreicht, hat außer einem Seezeichen wenig Aufregendes.

Wenn wir schon in **Bastorf** sind, das wir durchqueren, wollen wir doch dem **Leuchtturm** einen Besuch machen. Dazu biegen wir vor dem „Gasthaus zum Leuchtturm" rechts auf leicht ansteigender Strecke zum Turm auf dem Signalberg. Von seiner Höhe genießen wir die Aussicht.

Wir fahren zurück auf der Straße, die wir gekommen sind, und biegen in der Dorfmitte rechts in den Hohen Niendorfer Weg. Diese zweispurige Betonstraße führt uns, am Teich vorbei, aus Bastorf heraus und mit leichtem Anstieg durch die Felder. Damit sind wir am Rand der Kühlung.

Sobald wir 2 Kilometer hinter Bastorf Hohen Niendorf erreicht haben, liegt links im Wald ein weißes Jagdschloß, das als **„Agrarhistorisches Kabinett"** dient. Auch vor diesem Museum steht allerlei landwirtschaftliches Gerät. Es entstand 1982 und wollte die durch die Bodenreform überflüssig gewordenen Ackergeräte in der Erinnerung bewahren.

Bei der Weiterfahrt folgen wir dem Teerweg aus dem Ort mit schönen Ausblicken abwärts, bis wir nach einem Kilometer die Fahrstraße erreichen. Leider hat sie keinen Radweg. Auf ihr rollen wir rechts.

Nach 400 Metern halten wir uns am Waldrand links und durchqueren auf dem gut befahrbaren Schotterweg den Wald, bis wir am Waldrand zwischen zwei bäuerlichen Anwesen hindurch und durch Felder abwärts die Straße erreichen. Über sie geht es hinweg und auf der Haffstraße etwas ansteigend zwischen Kopfweiden und anderen Bäumen bis zum 2 km entfernten Blengow. Auf einem zweispurigen Betonweg umrunden wir den Dorfteich und blicken noch auf die Ruine eines Herrenhauses. 500 Meter weiter sind wir an der Straße nach Rerik, die uns rechts durch Gaarzerhof mit einem bunt bemalten Reiterhof bringt. Wir fahren am Salzhaff entlang, bis wir in Rerik sind und die Seebrücke erreichen.

Vergessen wir nicht: **Rerik** ist eine Stadt! Eine 170 Meter lange **Seebrücke** führt ins Meer. Den Urlaubsgästen steht hier außer der Ostsee auch das südlich anschließende Salzhaff als Segel- und Surfgebiet zur Verfügung. Den idyllischen **Hafen** beherrschen immer noch die Fischerboote. Vielleicht stimmt die Annahme wirklich, daß hier bei Rerik ein alter Wikingerhafen lag, der 808 durch die Dänen zerstört wurde. Sicher war Gaarz im Mittelalter ein ansehnliches Dorf, in dem Fischer und Seefahrer wohnten. Der küstennahe **Schmiedeberg** mit ausgegrabenen Mauerresten und Großsteingräbern im Umkreis läßt eine lange zurückreichende Besiedlung ahnen.

Glanzpunkt von Rerik ist zweifellos die **St. Johanniskirche**, die typisch für die frühgotischen mecklenburgischen Landkirchen ist. Das Innere zeigt sich im wesentlichen barock, so Kanzel und Orgelprospekt. Aber Granittaufe und Schnitzaltar verleugnen ihre gotische Herkunft nicht. Die Reriker sind überzeugt, daß „die Barockmalerei im Inneren die St. Johanniskirche zur schönsten ganz Mecklenburgs macht". Schön ist sie jedenfalls bestimmt. Wer sich das **„Museum der Stadt"** nicht entgehen lassen will, findet es am Haff. Seit 1953 zeigt es Schiffsmodelle, Keramik und die Bilder des Reriker Malers Ernst Schriever.

Nun aber weiter! Von der Seebrücke mit der nahen hübschen Holzplastik eines Fischers radeln wir „Am Schmiedeberg" aufwärts, vorbei an Wallrelikten (links), der Kirche (rechts) und der Post. An der Kreuzung (600 m nach der Kirche) biegen wir hinter dem Rondell links nach Meschendorf ab. Mit der Leuchtturmstraße setzen wir nach rechts die Fahrt durch den Ort fort. An der Gabelung halten wir uns links, parallel zur Küste. Wir durchfahren eine Siedlung. Hinter dem letzten Haus radeln wir auf steinigem Schotterweg links, am Großparkplatz entlang bis zur Höhe des Steilufers. Hier führt eine steile Treppe in der „Teufelsschlucht" zum Surfstrand. Wir nehmen auf der Höhe den Weg rechts in Richtung Meschendorf durch einen Waldstreifen. Er mündet auf das „Ostsee-Camp Seeblick", durch das wir unsere Richtung beibehalten - zuerst ansteigend zur Fahrstraße und auf ihr links, zwischen den Häusern von Neu-Gaarz hindurch.

Bald danach können wir mit einem Abstecher von 400 Metern nach rechts einen **Großdolmen** (Steingrab) besichtigen.

Nach weiterem Anstieg bietet sich rechts nochmals die Gelegenheit, nach **Bastorf** zu fahren, das wir mit seinem Leuchtturm ja bereits kennen.

Nun rollen wir nach Meschendorf hinein.Am Dorfende fahren wir links auf einem rauhen Schotterweg, nahe der Steilküste. Mit Wegplatten aus Beton geht es besser weiter, dicht am Wasser und einem schmalen feinsandigen Strand. Hier können sich FKK-Anhänger wohlfühlen. An der folgenden Gabelung ist Raum für Wohnmobile.

Falls wir am Wasser bleiben wollen, erreichen wir Kühlungsborn direkt.

Eine andere Möglichkeit führt uns auf einem breiten gewundenen Schotterweg nach Kägsdorf. Das letzte Stück ist geteert. Das Herrenhaus umrunden wir. Es ist mit einem Betrieb „Bio Plant" verbunden. Jetzt achten wir auf den Hinweis „Zum Rieden". An der Gabelung beim Transformatorenhaus folgen wir dem Weg nach links. Eine doppelt laufende Betonspur führt aus dem Dorf durch Felder und an der folgenden Gabelung rechts auf einen mit Schlaglöchern angereicherten Schotterweg, der einen weiten Rundblick ermöglicht. Vorbei an einigen Anwesen sind wir nach knapp 2 Kilometern an einer Gabelung, die links als Kägsdorfer Landweg zu einer Querstraße führt. Es ist die Reriker Straße. Sie bringt uns links und auf der Fritz-Reuter-Straße rechts zum Ausgangspunkt am Bahnhof. „Molli" erwartet uns!

Toureninfos

 25 km, dazu 2 km Abstecher.

 Bahnhof Kühlungsborn.

 Selbstverständlich läßt sich die Tour auch in Rerik beginnen und beenden. An einigen Stellen muß mit schlechten Wegen gerechnet werden.

 In Kühlungsborn und Rerik: zahlreiche; Bastorf: „Gasthaus zum Leuchtturm"; Meschendorf: Ostseecamp Seeblick.

 An den Stränden von Kühlungsborn und Rerik. Hallenbad in Kühlungsborn, Straße des Friedens (eines der wenigen Hallenbäder an den Küsten von Mecklenburg-Vorpommern).

 Rerik, Museum der Stadt: Di bis Fr 10-12 und 14-16 Uhr, Sa und So 14-16 Uhr.

Zwischen
Bad Doberan und Heiligendamm

Info

Mit ein wenig Phantasie können Sie sich vielleicht vorstellen, wie eines schönen Spätsommertags im Jahr 1793 eine Schar vornehmer Damen und Herren, angeführt von Friedrich Franz I. von Mecklenburg, in Begleitung seines Leibarztes Dr. Vogel, von Bad Doberan nach Heiligendamm unterwegs war. Mit schnaubenden Pferden rollten die Kutschen über die nach heutigen Maßstäben miserable Straße auf die Ostsee zu. Für die Ostsee war es ein historischer Augenblick. Das erste deutsche Ostseebad und für ein paar Jahre das einzige erlebte seinen bescheidenen Anfang. Seitdem gehören Doberan (Bad erst seit 1825, Stadt gar erst 1879) und Heiligendamm zusammen.

Weitere Höhepunkte in der Geschichte **Bad Doberans** waren die Errichtung der Klosterkirche, die 1232 erstmals und nach einem Brand 1368 erneut geweiht wurde, und die Anlage der ersten Pferderennbahn auf dem europäischen Festland 1807, die 1993 ihre Wiederauferstehung erlebte. Mehr eine Kuriosität, die trotzdem allen Doberanern und Gästen am Herz liegt: der hierzulande unter „Kunst und Kultur" registrierte **„Molli"**, die 1886 angelegte 900 mm-Schmalspurbahn mit fünf Dampfloks, auf denen Gäste „Ehrenlokführer" werden können.

Kultur pur ist mit dem Schriftsteller Ehm Welk (1884-1966)) vertreten, dem in einem **Ehm-Welk-Haus** gehuldigt wird. Sein bekanntestes Werk: Die Heiden von Kummerow".

Glanzstück der 13.200 Einwohner zählenden Stadt ist die unweit der B 105 gelegene **Klosterkirche** der Zisterzienser (1232 erstmals und nach einem Brand 1368 erneut geweiht), ein Backsteinbau, der zu den schönsten ganz Norddeutschlands zählt. Lübecks Marienkirche und Schwerins Dom standen bei diesem Meisterwerk der Gotik Pate, wurden aber - Pardon! - sogar übertroffen. Außen wie innen ein - zum Glück vom Krieg unberührt - künstlerischer Höhepunkt Mecklenburgs. Das bleibt auch dem Laien nicht verborgen, selbst wenn er vielleicht auf die Teilnahme an einer Führung (die freilich durchaus lohnt) durch die auch als "Münster" bezeichnete Kirche verzichtet. Das nördlich der Kirche gelegene **Beinhaus** verbindet romanische Ursprünge mit erstem gotischem Flair, ein anmutiges Baujuwel aus dem frühen 13. Jahrhundert, das angesichts der beherrschenden Würde des Münsters oft übersehen wird.

Den Bogen zur oder von der Ostsee schlägt eine 6 Kilometer lange, ungemein malerische **Lindenallee**, die Doberan mit Heiligendamm verbindet. Bei so viel eindrucksvollem Ambiente kann man getrost übersehen, daß der steinige Strand viel zu wünschen übrig läßt.

Der Bahnhof bietet sich in Bad Doberan als Ausgangspunkt geradezu an und kann auch mit einer Molli-Rückfahrt wieder erreicht werden. Von ihm bringt uns die Bahnhofstraße über die Bahn in die August-Bebel-Straße und an ihrem Ende rechts in die Beethovenstraße. Mit der rechts abzweigenden Klosterstraße ist das Münster nahe. Nach einem kurzen Stück auf der

B 105 in Richtung Rostock (Vorsicht, starker Verkehr) biegen wir links am Buchenberg nach Walkenhagen ab. Die Strecke führt (am Klärwerk vorbei) nach Neu Rethwisch, wobei wir vorher das Fühlenfließ und den Stegbach kreuzen. Die alten rohrgedeckten Bauernhäuser von Neu Rethwisch liefern manches hübsche Fotomotiv. Auch die Viehherden der Conventer Niederung und ein Reiterhof bereichern die Strecke. Bei der Schmiede wenden wir uns links nach Rethwisch.

Info

Die **Kirche** von **Rethwisch** ist ein mit Granitsteinen ergänzter Backsteinbau des 14. Jahrhunderts mit einem hölzernen Westturm - sozusagen das ländliche Gegenstück zu dem klösterlichen Münster. Auch innen weist sie ein paar kunstvolle Arbeiten auf, so einen Schnitzaltar, der 1530 aus älteren Stücken zusammengefügt wurde.

Wem die Tour zu kurz sein sollte, der hat in Rethwisch die Gelegenheit zu einem Abstecher nach rechts (10 km), vorbei an dem vom Wind arg gezausten „**Gespensterwald**" mit seinen Buchen auf der Steilküste zum kleinen Ostseebad **Nienhagen** (700 Einwohner). Es wurde als klimatischer Kurort anerkannt wurde. Den Weg zum Strand mit 60 abwärts führenden Stufen begleiten Kastanien- und später Lindenbäume. Buhnen sichern den schmalen, teilweise etwas steinigen, bis zu 3 Kilometer langen Strand, den Dünen begrenzen. Alles sieht adrett und anheimelnd aus.

Wer den Abstecher gemacht hat, kann von hier entlang der Steilküste durch den nahen Gespensterwald, am Campingplatz vorbei, nach reichlich 4 Kilometern Börgerende erreichen. Damit sind wir auch am eigentlichen (kürzeren) Zwischenziel.

Unsere direkte Fahrstraße stößt auf den Küstenweg, der zugleich der Hauptwanderweg des Kreises Bad Doberan ist. Rechts führt er zu dem bereits erwähnten Campingplatz, links in Richtung Heiligendamm. Wir sind hier in Börgerende, das neben kleineren Gastbetrieben eine museale „Heimatstube" besitzt.

Tip

Auf dem Küstenweg nach Heiligendamm achten wir auf den links gelegenen **Conventer See**, der als Naturschutzgebiet allerlei seltene Vogelarten wie Reiher oder Rohrdommel aufweist.

Von der Jemnitzer Schleuse an können wir wassernah auf dem Deich bis Heiligendamm fahren.

Info

An der "Weißen Stadt am Meer", wie man **Heiligendamm** auch gern nennt, hat - warum auch immer - der Zahn der Zeit genagt, aber in den letzten Jahren wird viel getan, um an eine große Vergangenheit anzuknüpfen. Das beweist bereits die neu errichtete **Seebrücke**, deren Vorläufer aufs vorige Jahrhundert zurückging.

Das erste Badehaus entstand bereits kurz nach dem ersten fürstlichen Seebad in den Jahren 1795/96. Das spektakuläre klassizistische **Kurhaus** (heute Hotel), das Heiligendamm bis heute den Charakter konservativer Eleganz verleiht, wurde mit seiner dorischen Säulenvorhalle in strahlendem Weiß um 1815 erbaut und gilt, laut Dehio „als eine der ersten Leistungen des norddeutschen Klassizismus".

Die anschließenden Waldgebiete des **Kleinen Wohld** (westlich) und des **Großen Wohld** (südöstlich in Richtung Bad Doberan) geben Heiligendamm natürliche Vorzüge.

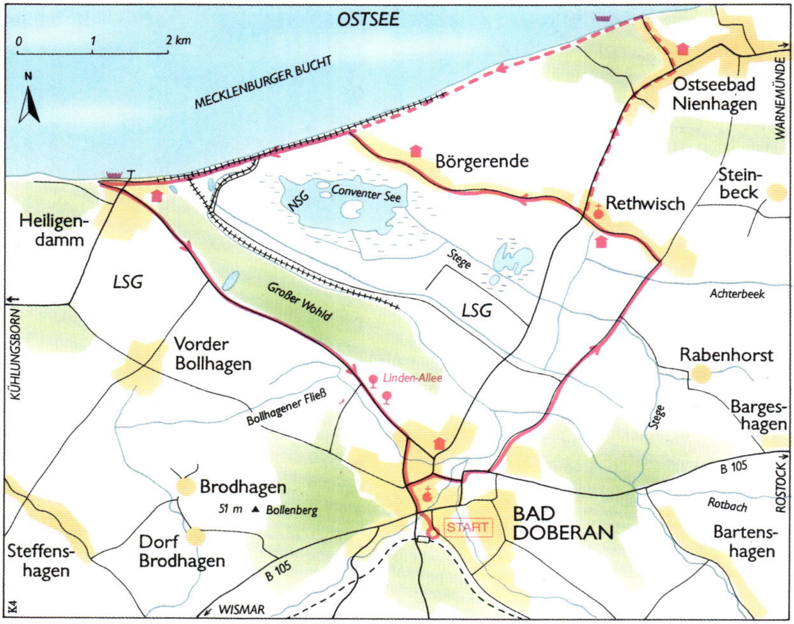

Über die Rückfahrt nach Bad Doberan müssen wir uns keine Gedanken machen. Dorthin führt eine der schönsten Lindenalleen des Landes. Da sie recht schmal ist, sind wir dankbar, daß neben ihr ein Fahrradweg verläuft.

Tip Wer einen bequemeren Weg vorzieht, kann für die letzten vier, fünf Kilometer auch den „Molli" benützen, der hier und auch am folgenden Steilufer in Richtung Kühlungsborn eine Haltestelle anläuft.

Toureninfos

 18 km, mit Abstecher Nienhagen 28 km.

 Bahnhof Bad Doberan.

 Der Abstecher ist empfehlenswert, weil damit unsere Tour einen erheblichen Abschnitt des in Nienhagen beginnenden und über Rerik bis zur Insel Poel führenden Küstenwegs einbezieht.

 Bad Doberan: zahlreiche; Heiligendamm: „Kurhotel" (Terr.), „Jagdhaus", „Max Planck-Haus" und „Palette"; Nienhagen: „Villa Aranka"; bei Rethwisch: „Kiebitzkrug"; Börgerende: Hotel „Waterkant".

 entlang der Ostseestrecke, bester Strand in Nienhagen.

 Bad Doberan, Klosterkirche: im Sommer 9-18 Uhr, So ab 12 Uhr.

Bad Doberans Klosterkirche gehört zu den eindrucksvollsten Bauten der Backsteingotik

22

Lubmin-Runde ohne Angst vor AKW (Karte S. 143)

Das schon vor dem Krieg nicht unbekannte kleine Ostseebad **Lubmin** konnte einem leid tun. Das in seiner Nähe von der DDR errichtete Atomkraftwerk war nicht gerade ein Anreiz, Lubmins Strand aufzusuchen. So stand seiner Karriere als Urlaubsziel die zeitgemäße Atomkraft-Angst erheblich im Wege. Allerdings: Dieses relativ alte Atomkraftwerk wies tatsächlich technische Mängel und Gefahrenherde auf, so daß es bereits vor Jahren zur Abschaltung verdammt wurde. Die Anlagen stehen noch in voller technischer Monumentalität, aber sie sind außer Betrieb. Nur Schein, kein Sein. Ein totaler Abbau der Anlage ist im Gespräch. Vor Radioaktivität und unheilvollen Strahlen braucht hier also niemand mehr Angst zu haben. Lubmin kann aufatmen. Jetzt muß es sich nur noch bei den vorsichtigen Urlaubern herumsprechen, daß dies gar kein so übles, ruhiges, anheimelndes Ostseebad mit waldreicher Umgebung ist. Sogar ein Investor hat sich schon gefunden, der das verträumte und vernachlässigte Mini-Bad zu neuer Blüte bringen will und hoffentlich wird.

Aber einen Bahnhof hat Lubmin schon. Sogar zwei! Der Zug kommt von Greifswald (22 km in 23 Minuten), wo es am Bahnhof Fahrradverleih gibt. Wir wenden uns vom Bahnhof links, parallel zu den Gleisen und fahren nach 500 Metern an der Wusterhusener Straße links über die Bahnschienen. Hier folgen wir dem Radweg neben der Straße und erreichen durch die Felder nach 2,5 Kilometern Wusterhusen.

Wusterhusen (Kopfsteinpflaster) hat eine beachtliche **Kirche**, die 1271 geweiht wurde. Im 15. Jahrhundert wurde das Feld- und Backstein-Langhaus neu gebaut. Der Chor enthält die Ausmalung aus dem 14. Jahrhundert. Der geschindelte Turm überblickt einen Friedhof mit prächtiger Allee. Auf Wunsch öffnet Pfarrer Grabe die Kirche zur Besichtigung.

Die Weiterfahrt, vorbei am 33 Meter hohen Mühlenberg, bringt uns im Zug einer Ahornallee nach Pritzwald.

Hier ließe sich die eigentliche Tour um einen etwa 18 Kilometer langen Abstecher verlängern, der besonders für Kunst- und Tierfreunde interessant ist. Von Pritzwald fahren wir südlich durch den Ziesebruch über die Ziese und durch Lodmannshagen nach Katzow. Hier sind auf einem Gelände von 6 Hektar **Skulpturen** zu beschauen, die von Bildhauern vieler Länder stammen. Weiter über Netzeband nach Groß Ernsthof mit einer **Pferdepension**. Wenn wir kurz nach Rubenow rechts abzweigen erreichen wir wieder die Hauptstrecke.

Sobald an der Strecke nach Rubenow die gleichnamige Siedlung beginnt, biegen wir vor dem Hauptort links in Richtung Nonnendorf ab, zum Glück mit einer geteerten Straße durch die Felder. Wir fahren durch das Dörfchen und wenden uns an einer Gabelung vor den Silos links in einen Feldweg. Bei Nässe ist er leider sehr feucht. Dann müssen wir bis Freest der Fahrstraße folgen. Sonst erreichen wir durch Felder und ein Stück Heide den Ortsrand von Freest.

Wir sind jetzt jenseits des Wassers dicht bei Peenemünde (s. Seite 42).

Links radeln wir in die "Oberreihe" durch ein Siedlungsgebiet mit eingestreuten Rohrdachhäusern. An der Kreuzung halten wir uns links.

 Bei den Zeltdachhäusern nach 500 Metern können wir nun nach rechts (hin und zurück 1 km) einen Abstecher zum lebhaften **Fischerhafen** einschieben. Hier heißt es plakativ: „Freester Fisch täglich frisch." Sogar von Bord können wir ihn kaufen.

Unser Weg durch Freest führt an der „Heimatstube" entlang und in das Waldgebiet der Lubminer Heide, das sich südöstlich von Lubmin hinzieht. Wenn wir nach 2,5 Kilometern das Dorf Spandowerhagen mit hübschen Reetdachkaten erreicht haben, blicken wir auch schon auf die Anlagen des Atomkraftwerks - vielleicht für Technikinteressierte sehenswert. Eine schmale Teerstraße führt uns aus dem Dorf durch ein Wäldchen, dann stößt eine neu angelegte Asphaltstraße nach 2,5 Kilometern auf den Bahnhof Lubminer Heide, einst wichtiger Werksbahnhof für die Beschäftigten im AKW. Wir radeln parallel zur Bahn weiter, unter einer Gasleitung hindurch und am hohen Kiefernwald entlang, wobei wir den Radweg neben der Fahrstraße benützen können. Nach weiteren 2,5 Kilometern sind wir am Bahnhof "Lubmin Seebad" angekommen.

 Eine Alternative bietet sich vom Bahnhof Lubminer Heide, indem wir 500 Meter hinter ihm rechts der mit Betonpflaster befestigten Straße, sanft abwärts in den Wald, folgen. Vor dem UTEG-Schild mit Parkplatz biegen wir scharf links und radeln auf einer schmalen Betonpiste, parallel zur Gasleitung, durch die Lubminer Heide, in die Ferienhäuser gestreut sind. Damit sind wir auf der Freester Straße. Sie bietet nach rechts immer wieder Durchblicke zur Ostsee, zu der wir auf sandigem Weg ab und zu abzweigen können. Diese Strecke ist 3 Kilometer länger, bis sie ebenfalls in Lubmin einmündet, wo wir den Strand mit Promenade und Seebrücke mitnehmen können, bevor wir am Bahnhof sind.

 Wer von Greifswald aus mit dem Zug nach Lubmin fährt, muß am Bahnhof "Seebad Lubmin" aussteigen, wenn er an den Strand will, oder am Bahnhof "Lubminer Heide", wenn er an das Waldrevier ansteuert. Dieser Bahnhof - so steht's auch noch im Kursbuch - war der Werksbahnhof für die Arbeiter des Atomkraftwerks. Sie kamen in der Mehrzahl aus Greifswald, um hier zu arbeiten.

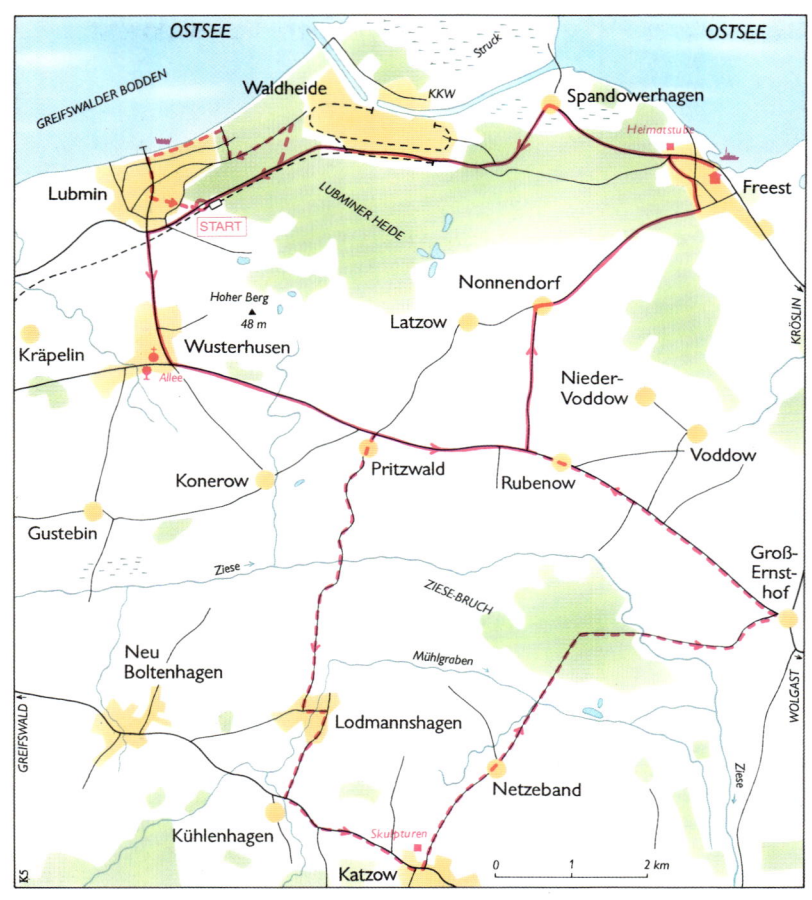

Toureninfos

km Etwa 20 km, mit zwei Abstechern von 1 und 3 km insgesamt 24 km.

START Bahnhof Lubmin.

Die Strecke weist kaum Steigungen auf.

Lubmin: zahlreiche; Freest: „Gaststätte an der Waterkant".

Lubminer Strand.

Insel Poel - eigentlich gar keine Insel mehr

Wetten, daß...? Wetten, daß Sie - falls Sie nicht gerade in Wismar oder drumherum wohnen - die Insel Poel gar nicht kennen. Insbesondere, wenn Sie aus den alten Bundesländern kommen und Ihr Inselwissen auf Rügen, Usedom und Hiddensee beschränkt ist. Allerdings: Wenn Sie zur Insel Poel fahren, müssen Sie schon genau aufpassen, um zu merken, wo das Festland aufhört und Poel beginnt. Nur ein Katzensprung Wasser zwischen dem festländischen Groß Strömkendorf und dem insularen Fährdorf macht Poel zur Insel. Tatsächlich war es aber über viele Jahrhunderte eine „richtige" Insel. Erst 1927 verband man es durch Damm und Brücke mit dem Festland.

Poel liegt, nur rund 8 Kilometer entfernt, nördlich von Wismar. Mit einer Fläche von 37 km² ist Poel die drittgrößte Insel von Mecklenburg-Vorpommern, wenn auch erheblich kleiner als Rügen und Usedom. Ebenfalls kleiner (ein Fünftel!) als die schleswig-holsteinische Insel Fehmarn. Immerhin:

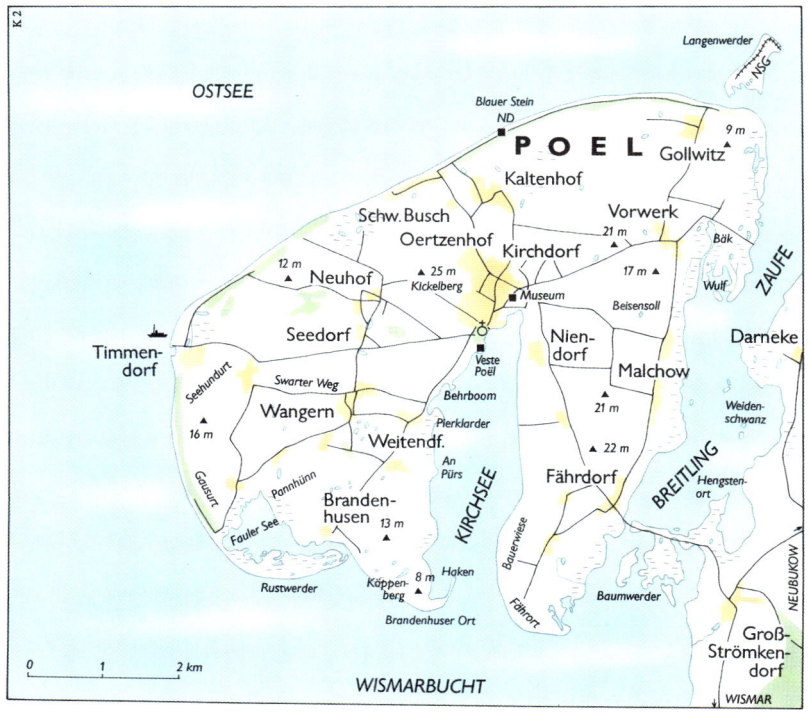

in der Ostsee die Nummer 4! Wer die ostfriesischen Nordsee-Inseln kennt: Poel ist ebenso groß wie Borkum.

Um diese weithin unbekannte Insel kennenzulernen, muß man wissen, daß ihre erste Erwähnung aufs Jahr 1163 zurückgeht, sodaß die Poeler mit Recht 1988 das Jubiläum eines Lebens von 825 Jahren begingen. Es waren ziemlich bewegte Jahre. Der ursprünglich kirchliche Besitz des Domkapitels von Lübeck wurde im Zug der Reformation der weltlichen Herrschaft unterworfen. Mecklenburgs Herzog Adolf Friedrich sorgte dafür, daß Poel kurz vor dem Dreißigjährigen Krieg eine Festung erhielt, an die heute nur noch Wälle erinnern. Nach Ende des Krieges wurde die Insel, ebenso wie Wismar, Schweden zugesprochen. Seit 1903 gehört es wieder endgültig zu Mecklenburg.

Erst um die Jahrhundertwende begann auch hier allmählich der Badebetrieb. Im übrigen lebten die Insulaner von Landwirtschaft und Fischerei. Wichtigstes Bauwerk im Hauptort **Kirchdorf** ist die weithin sichtbare **Dorfkirche** mit ihrem wuchtigen Viereckturm. Sie entstand in der Mitte des 13. Jahrhunderts und wurde im 15. Jahrhundert verändert und erweitert. Aus dieser Zeit stammen auch zwei geschnitzte Altäre. Zur Besichtigung ist die Kirche, die von einem Wall umrahmt ist, lediglich Montag bis Freitag von 11 bis 12 Uhr geöffnet.

In der erneuerten Dorfschule von 1806 befindet sich ein **Heimatmuseum,** das alles Wissenswerte über die Insel vermittelt. Seine Öffnungszeiten sind so unregelmäßig, daß ein vorheriger Anruf (038425/20 56) empfehlenswert ist.

Mit dem Rad läßt sich die flache Insel (höchster Berg 37 m) mit ihren unterschiedlich guten Badestränden zwischen Gollwitz im Nordosten und Timmendorf im Westen bequem „abgrasen". Von Kirchdorf, dem Inselmittelpunkt, verlaufen Straßen in fünf Richtungen, wobei die Hauptachse vom „Eingangsort" Fährdorf kommt. Einige zusätzliche Wanderwege (Kirchdorf-Timmendorf und Kirchdorf-Gollwitz) sind auch für Radfahrer geeignet.

Vor Gollwitz liegt das **Naturschutzgebiet** der kleinen Insel **Langenwerder** (35 Hektar), das ein Küstenvogelreservat bildet. Insbesondere von Lachmöwen, verschiedenen Seeschwalbenarten und Sturmmöwen wird die baumlose Insel zum Brüten aufgesucht. Ein Vogelwärter hat bereits nahezu 100.000 Vögel beringt.

Reizvolle Küstenstädte
zwischen Lübeck und Stettin

Info

Die nachfolgenden Stadtbesichtigungen lassen sich durchaus auch mit dem Rad durch-
führen. Wer sein Rad nicht mitbringt, kann eines auf den Bahnhöfen von Greifswald,
Wismar und Stralsund mieten. Ebenso haben alle hier genannten Städte private
Fahrradvermietungen. Ihre Anschriften erkunden Sie am besten - da zeitbedingte Ände-
rungen unvermeidlich sind - bei den zuständigen Informationsämtern.

Woher Sie auch kommen mögen - Ihr Rad sollten Sie nicht zur Anfahrt benützen. Solange die (teilweise sogar noch umstrittene) Autobahn A 11 als Ostsee-Autobahn nicht gebaut ist und den umfangreichen Autoverkehr zu den Städten nicht ableitet, sind die diese Strecken - insbesondere die Einfahrten - durch Stau und chaotische Verkehrsverhält-
nisse für Radfahrer völlig ungeeignet. Selbst dort, wo Radwege parallel verlaufen, machen Abgase das Fahren ungesund und wenig erholsam.

Darüber hinaus: Wer in einer dieser Städte mit dem Rad unterwegs ist, sollte - wie
heutzutage überall - sorgsam darauf achten, sein Rad diebstahlsicher zu parken. Das
heißt, es so wirksam mit einem ortsfesten Objekt (Zaun, Baum oder dgl.) zu verbinden,
daß es auch nach der Kirchenbesichtigung oder dem Museumsbesuch noch an seinem
Platz ist.

50 Jahre nach Kriegsende sind in Wismar, Rostock und Stralsund fast überall die Spuren der großen Beschädigungen getilgt. Jedoch nur Greifswald
hat - weil es vor großen Zerstörungen verschont blieb - dabei noch sein ur-
sprüngliches Gesicht bewahren können.

Wer heute hierher kommt, nimmt die besuchte Stadt ohne Vorbehalte, wie
sie ist. Ja, sogar die Einwohner selbst, sofern sie nicht bereits im Rentenalter
sind, haben ihre heutige Stadtgestalt als selbstverständlich akzeptiert. Der
Wandel bleibt unbemerkt, solange die Bürger nur jung genug sind, um es
nicht anders zu kennen. Das gilt nun auch für die Touristen. Sie nehmen
das, was sie heute erblicken, als das gültige Gesicht der ehrwürdigen Hansestädte. Wer wollte da beginnen, Stadt für Stadt aufzuzählen, was fehlt und
nicht wieder erstand, wie etwa Rostocks Petritor, an das bei der Besichtigung von noch vier der einst einmal 20 Stadttore niemand mehr denken
mag?! Bummeln wir also ohne Ressentiment oder Vergleiche zwischen Vergangenheit und Gegenwart durch die Küstenstädte. Sie sind noch (oder
teilweise wieder) schön genug und vermitteln weithin den ganzen Zauber
norddeutscher Backsteingotik, soweit sie den Krieg überstand.
Ebenso wie im schleswig-holsteinischen Lübeck läßt sich in diesen Hansestädten noch ein lebendiges Stück mittelalterlicher Kunst und Kunstfertig-
keit nacherleben.

Greifswald - Universität mit Drumherum

Greifswald hat auch seine Ruine. Sie liegt wenige Kilometer außerhalb der Stadtmitte: Eldena. Vielleicht erinnern wir uns: Von diesem Zisterzienserkloster dänischen Ursprungs aus dem Jahr 1199 kamen die Mönche, die Rügens Halbinsel Mönchgut (s. Seite 62) mehr als 300 Jahre lang verwalteten. Caspar David Friedrich malte die Ruine. Es dauerte einige Zeit, bis die Greifswalder die imponierenden Reste der einst 5.000 qm umfassenden Klosteranlage pfleglich behandelten. Denn mehr am Herzen lag ihnen seit 1456 ihre Universität, deren heutige Räumlichkeiten im 18. Jahrhundert entstanden und daher wohl nicht allzu spektakulär in Erscheinung treten. Anders sieht es bei den Kirchen aus. Greifswald begann noch in der zweiten Hälfte des 13. Jahrhunderts den Bau von drei Kirchen. Sie haben - anders als die Bürgerbauten, die durch zwei schwere Stadtbrände des 18. Jahrhunderts heimgesucht wurden - mittelalterliche Patina bewahrt. Vor allem erhielten sie im Volksmund liebenswerte Spitznamen: „Dicke Marie", „Langer Nikolaus" und „Kleiner Jakob".

Vom Markt aus haben wir Rathaus und die als Dom herausgehobene Nikolauskirche gemeinsam im Auge. In der anderen Richtung verbindet sich der Blick auf die Marienkirche mit ihrem massigen Viereckturm mit der Ansicht des Backsteingiebels am Markt 11 aus dem 15. Jahrhundert. Schon ein 70 Jahre alter Reiseführer wußte zu berichten,was auch heute gilt: „Das Auge wird zwischen der tiefroten Schmuckfassade des gotischen Giebelhauses und der ungekrönten Monumentalität der Marienkirche hin und her gezogen und weiß nicht, ob es der überreichen Pracht des Profanbaues oder der feierlichen Würde des Gotteshauses den Preis zuerkennen soll." So der Gewährsmann von 1925.

Greifswalds Kirchen wetteifern nicht mit der Höhe ihrer Türme, obwohl der von **St. Nikolai** mit seinen knapp 100 Metern durchaus stadtbeherrschend wirkt. Eine himmelragende gotische Turmspitze wurde 1650 zerstört und 1653 durch einen barocken Helm ersetzt. Universitätsgründer Heinrich Rubenow stiftete 1460 fürs Kircheninnere ein Gemälde, das Professoren aus Greifswald und Rostock im gemeinsamen Gebet vor Maria abbildet. Erst das folgende Jahrhundert stand im Zeichen der Reformation. Schon zwei Jahre nach seiner Stiftung aber fiel Rubenow einem politischen Attentat zum Opfer, woran in der Marienkirche der Grabstein erinnert. So gut waren die alten Zeiten auch in Greifswald nicht.

Die **Marienkirche** verkörpert als ohne Chor errichtete Kirche ein künstlerisches Glanzstück, das für die mecklenburgisch-pommersche Kunstlandschaft typisch ist. Innen verdient die zierliche Annenkapelle von Anfang des

15. Jahrhunderts Beachtung. Die Reste der Wandmalereien zeigen teilweise überraschende Motive, so die nördliche Turmwand das Bild eines Wales als Beispiel für aktuelle Kirchenmalerei: 1545 wurde er in Wieck gefangen und fünf Jahre später gemalt.

Die dritte Greifswalder Kirche, **St. Jakobi,** läßt sich gemeinsam mit dem Dom von der Domstraße aus als Kontrast erleben. Ihr ursprünglicher Fachwerkturm wurde vor 30 Jahren durch einen neuen Turmhelm ersetzt. Innen reichen die Grabplatten bis ins 14. Jahrhundert zurück. Die Granittaufe ist noch älter.

Stolz sind die Greifswalder, daß zu den Studenten ihrer **Universität** („Alma mater gryphiswaldensis") Ernst Moritz Arndt (nach ihm heißt sie heute!), Turnvater Jahn, Bismarck und die Ärzte Sauerbruch und Bier gehörten.

Weniger Staat ist mit dem **Rathaus** zu machen, das nach Bränden im 18. und 19. Jahrhundert bis heute mancherlei Veränderungen erlebte. Das gilt auch für die meisten Wohnhäuser, denen das aufwendige Kolorit anderer Hansestädte fehlt. Im Haus des ehemaligen Vorstehers des Franziskanerklosters, des „Guardians", in der Theodor-Pyl-Straße, befindet sich das beachtliche **Museum,** das manche der Fragen beantwortet, die der Stadtbummel entstehen läßt. Allerdings sind die Öffnungszeiten etwas unübersichtlich, auch je nach Saison. Wer also von Usedom oder Rügen die ein- bis zweistündige Autofahrt hierher antrat, sollte sich vorher informieren.

 Greifswald-Information, Schuhhagen 126, Tel. 03834 / 34 60, Fax 68 4 62.

Wismar - von Schleswig-Holstein nicht weit

Zwischen Lübeck und Wismar, den beiden Hansestädten, liegen nicht mehr als etwa 50 Kilometer, so daß Wismar für Holsteiner den ersten Schritt in Richtung mecklenburgische Küste bedeutet. Zur Großstadt hat es Wismar mit seinen 55.000 Einwohnern nicht gebracht, obwohl die Stadt im Mittelalter, als sie sich an drei monumentale Kirchen zugleich wagte, von Ehrgeiz strotzte. Der „unbeherrschte Übermut" (Ricarda Huch) der 8.000 mittelalterlichen Bürger blieb nicht ohne Folgen. Innere Unruhen und äußere Schwäche ließen die Stadt am Ende des Dreißigjährigen Krieges an Schweden fallen und als Festung veröden. Es dauerte Jahrhunderte, bis sie, zunächst auf „Probe", 1903 endgültig wieder mecklenburgisch wurde.

Ricarda Huch hat auch - vor den Kriegszerstörungen, aber immer noch gültig - den treffenden Rat für eine Stadtbesichtigung gegeben: „Die beiden

Punkte, wo man Wismar am besten in sich aufnimmt, sind der Hafen und der Markt. Wenn der Schleier der Dämmerung darüber fällt und das Grün des Kupferdachs der reizenden Wasserkunst kaum noch durch die silberne Luft schimmert, wenn der feste kantige Turm der Marienkirche zum flachen Schatten wird, glaubt man ein Traumgesicht zu sehen, das in die Nacht zerfließen wird."

Zerflossen ist manches andere, so das Kleinod der Alten Schule mit ihren bunt glasierten Backsteinen aus dem 15. Jahrhundert. Glasierte Ziegel freilich weist auch das älteste der erhaltenen Bürgerhäuser auf: der **„Alte Schwede"**, Haus Nr. 20 am Markt. 1380 entstand das Haus, das heute zugleich als Adresse für gute Küche steht. Über dem spitzbogigen Portal steigt zwischen geschmückten Pfeilern der fünfgeschossige Giebel in die Höhe - leere Fensteröffnungen lassen den Himmel durchscheinen. Denn gewohnt wurde früher nur unten, während oben der Speicherraum war.

Wer an Wismars **Markt** steht, der bereits im Mittelalter - man wollte ja was „hermachen"! - seinen Umfang von 10.000 qm erhielt, wird sich nach dem Rathaus umschauen wollen. Das war einmal gotisch, bis zwischen 1817 und 1819 ein damals moderner Baumeister namens Barca einen klassizistischen Bau „hinlegte", der - wie Kunstliebhaber sagen - ebenso monumental wie nichtssagend erscheint. Reste der einstigen Gotik zeigen sich immerhin in der westlich angefügten **Gerichtslaube**. Echter Höhepunkt von Wismars Markt aber ist der Renaissancebau der **„Alten Wasserkunst"**. Sie entstand zwischen 1580 und 1602 und spendete drei Jahrhunderte lang den Bürgern frisches Quellwasser. Wer die Niederlande kennt: Der von dort kommende Baumeister Brandin versetzte etwas davon hierher.

Lassen Sie sich auf dem Weg vom Markt zu Georgenkirche nicht den **Fürstenhof** entgehen. Er überlebte das Bombardement. Hier wohnten Mecklenburgs Herzöge, wenn sie Wismar besuchten. Die Flügel wurden jeweils aus dem freudigen Ereignis einer Hochzeit angefügt. Alles geschah im 16. Jahrhundert. Die beiden Künstler Gabriel von Aken und Valentin von Lyra orientierten sich dabei an einem Vorbild aus Ferrara in Oberitalien. Wer wissen will, wie „Fernsehen" dazumal aussah, braucht nur die Friese des Fürstenhofs zur Straße und zum Hof hin zu betrachten. Denn hier hat Statius von Düren aus Lübeck zwei dramatische Handlungen dargestellt: Szenen aus dem Trojanischen Krieg und die Rückkehr des Verlorenen Sohns. Diese Keramik spricht bis heute lebendig zu uns.

Mit drei Kirchen wollte Wismar glänzen! Wie zeigen sie sich heute? Die spätgotische **Georgenkirche** entstand in mehreren Etappen bis 1497. Heute gilt sie als größte gotische Ruine Europas. Ihr Wiederaufbau ist in Gang. Von der **Marienkirche** bezeugt nur noch der 80 Meter hohe

Turm, daß sie ab 1339 nach dem Vorbild der gleichnamigen Kirche Lübecks errichtet wurde. Beim Schiff taten die Bomben ihr Werk, so daß seine Reste 1960 kurzerhand gesprengt wurden.

Aus den beiden zerstörten Kirchen hat man einiges gerettet und in der **Nikolaikirche** mit ihrem 37 Meter hohen Mittelschiff unterbringen können. Wer sich hier umsieht, wird manches entdecken, das eigentlich gar nicht in diesen Kirchenraum gehört. Die Nikolaikirche verlor ihren Turmhelm schon 1703 bei einem Orkan. Um 1270 erbaut, wurde sie im 15. Jahrhundert in die heutige Form gebracht.

Auch Wismar hat sein **Stadtgeschichtliches Museum**, noch dazu in einem alten Bürgerhaus von etwa 1570, dem Brauhaus des Bürgermeisters Schaffelt.

 Wismar-Information, Im Stadthaus, Am Markt 11,
Tel. 03841 / 29 58, Fax 29 77.

Rostock - Triumph der Backsteingotik

Nicht nur in Mecklenburg-Vorpommern, sondern an der ganzen deutschen Ostseeküste ist Rostock mit 250.000 Einwohnern die größte Stadt - vor Kiel und Lübeck. Schon 1323 erwarben die weitblickenden Rostocker für ihren Zugang zur Ostsee das kleine Fischerdorf Warnemünde, das Rostock im Zug der Warnow erst zur Hafenstadt macht und ein ansehnliches und seit 125 Jahren angesehenes Seebad zum Bestandteil der Stadt werden ließ. Wen wundert's, daß Rostock sich nach 1945 verändert hat! Aber wer die einstige Stadt nicht kannte, wird sich auch in den Straßen von heute wohlfühlen und genug zum Schauen haben.

Schließlich hatte Rostock schon 1677 einen vernichtenden Brand überleben müssen, der praktisch jedes zweite Haus des ursprünglich mittelalterlichen Bestands verschwinden ließ. Dabei entging allein die Petrikirche mit ihrem 127 Meter hohen „nadelspitzen" Turm der Verheerung. Dieser Turm fiel dann aber der Kriegszerstörung zum Opfer. Ebenso wurde die Ruine der Jakobikirche 1957 abgerissen. Aber im Dezember 1993 konnte das Richtfest für den neuen, 73 Meter hohen Turmhelm der Petrikirche stattfinden. Ebenso ist daran gedacht, das von den DDR-Machthabern abgerissene Petritor wieder erstehen zu lassen. Die Rostocker sind dabei (und für die Zukunft reichlich damit beschäftigt) im alten Stadtzentrum 144 Hektar mit 1.900 Gebäuden zu „sanieren", wofür eine rund 15 Jahre umfassende Planung vorliegt. Die Stadt soll, soweit nur irgend möglich, ihrGesicht von einst wieder erhalten.

Wann immer Sie jetzt nach Rostock kommen - die Bauarbeiter sind schon da! Sie lassen an der Schwelle zum 21. Jahrhundert die Glanzlichter der Backsteingotik des Mittelalters wieder erstrahlen.

Wenn Sie den Zutritt zur Altstadt durch eines der drei (von urprünglich mehr als 20) historischen Tore genommen haben, erreichen Sie den **Markt**, Rostocks Herz. Am Vormittag zeigt er sich von seiner besten Seite. Dann leuchten die Häuserfronten und das Rot und Grün der Backsteine der **Marienkirche**. Sie wurde gebaut - ab 1290 bis zur Mitte des 15. Jahrhunderts -, um den Lübeckern zu zeigen, daß man sich in Rostock von deren Marienkirche nicht imponieren ließ. Anders als sonst spielte die Ziegelfarbe ins Gelbe. Zwei Türme - wie das Lübecker Vorbild - schaffte man nicht. So blieb die Kirche turmlos. Erst 1769 setzte man auf das gotische Schiff einen barocken Dachreiter. Wer sich genug Zeit nimmt, sollte unbedingt auch das Innere der Kirchebesichtigen: Bronzefünte (Taufe) von 1290, astronomische Uhr von 1472, Rochusaltar von 1530 und Renaissance-Kanzel von 1574. Auch das **Rathaus** am Neuen Markt, das 1727 seine Schauseite erhielt, ist barock. Aber hinter der Fassade lugen sieben Spitztürmchen hervor, das alte Gesicht aus der Zeit um 1300, das durch den Vorbau modernisiert wurde.

Tore und Kirchen gaben und geben Rostock sein Gesicht. Die Tore markieren zugleich den Lauf der Stadtmauer, die restauriert wurde. Von Westen führt das 54 Meter hohe imposante **Kröpeliner Tor** aus dem 14. Jahrhundert in die Innenstadt. Im Tor befindet sich das **Stadtgeschichtliche Museum,** das neben der Stadtgeschichte einen Querschnitt durch Kunst und Leistung der Backsteingotik vermittelt. Von hier führt die für Fußgänger reservierte Kröpeliner Straße zum Neuen Markt. Parallel zu ihr läuft seit den fünfziger Jahren die repräsentative Lange Straße. Zwei Kirchen kennzeichnen das östliche Ende der Altstadt. Die Restaurierung der gotischen **Petrikirche** aus dem 14. Jahrhundert nach dem Krieg ist nicht ganz gelungen. Zur reichen Verwendung glasierter Ziegel im Kapellenanbau des Turms will der moderne Turmausbau nicht recht passen. Hinter dem anderen Ende des Alten Marktes finden wir die **Nikolaikirche** aus der Mitte des 13. Jahrhunderts. Der Backsteinbau erhebt sich auf einem Fundament von Feldsteinen. Sein Chor wird mit dem sogenannten "Schwibbogen" von der Fahrstraße unterquert. Bei der Rückkehr zum Kröpeliner Tor verdient eine weitere Kirche Aufmerksamkeit: die **Heilig-Kreuz-Kirche** des ehemaligen Klosters der Zisterzienserinnen, an deren Südseite sich die Klosterbauten anschließen, den Kreuzgang inbegriffen. Alles geht auf die erste

Hälfte des 14. Jahrhunderts zurück. Innen ist in der restaurierten Kirche vielerlei Kunst vertreten, darunter der Hochaltar und Wandmalerei des beginnenden 15. Jahrhunderts.

Auch wer auf die ausführliche Besichtigung aller baulichen Kostbarkeiten verzichtet, wird beim lässigen Stadtbummel die Atmosphäre einer durch ihre Backstein-Meisterwerke geprägten Stadt genießen. Aber wer sich Muße für den immer noch vorhandenen Bestand an alten Bürgerhäusern quer durch die Jahrhunderte nimmt, wer Kirchen, Tore und Türme gründlich in Augenschein nimmt, braucht viel Zeit. Da sollten Sie überlegen, eine Übernachtung einzuplanen. Jedenfalls braucht sich Rostock vor den vielleicht „berühmteren" süddeutschen Städten aus dem Mittelalter nicht zu verstecken.

 Verkehrsamt, Stadtverwaltung, Schnickmannstr. 13, Tel. 0381 / 12 47, Fax 34 6 02.

Rostocks Marienkirche entstand im Laufe von beinahe zwei Jahrhunderten als Gegenstück zu Lübecks St. Marien-Kirche

Stralsund - kunstreiche Hansestadt als Tor nach Rügen

Wer Glanz und Macht der mittelalterlichen Hansestädte recht einschätzt, wird Stralsund in einem Atem mit Lübeck nennen müssen. Es war kein Zufall, daß Wallenstein 1628 die Stadt schon beinahe verbissen einnehmen wollte, um Vorpommern mit Schweden zu verbinden. Die Belagerung blieb erfolglos. Erst der letzte Krieg schlug Stralsund schmerzliche Wunden, von denen es sich - zum Glück - zügig erholt. Mit wenig mehr als 70.000 Einwohnern ist Stralsund durchaus keine Großstadt, aber als städtischer Nachbar Rügens am Strelasund ein touristischer Brennpunkt. Dies prägt die Stadt heute ähnlich , wie es im Mittelalter die Zugehörigkeit zur Hanse tat. Auf der Fahrt nach oder von der Insel Rügen ist der Halt in Stralsund mit einem längeren oder kürzeren Stadtrundgang geradezu ein Muß.

Nirgends (auch in Lübeck nicht) vollzieht sich die Begegnung dreier mächtiger Kirchen, die das Stadtprofil überragen, mit einem durch seine Schauwand unverwechselbar geprägten Rathaus harmonischer als hier. Von „einem der schönsten Stadtbilder Norddeutschlands" hat Georg Dehio angesichts der Zusammengehörigkeit von **Rathaus** und **Nikolaikirche** gesprochen. Im Lauf des 15. Jahrhunderts - genaue Jahreszahlen gibt es nicht - entfaltete sich dieses (bereits früher begonnene) Ensemble an Stralsunds Markt, das dem dreieckigen Stadtbild den Schwerpunkt verleiht. Wer einen Blick auf die Stadtkarte wirft, stellt fest, daß zwei Wasserflächen (Knieper Teich und Franken-Teich), gemeinsam mit dem östlich anschließenden Strelasund, die Lage Stralsunds bestimmen.

Wer sich nur ein paar Minuten Zeit lassen will, sollte wenigstens hier auf dem **Alten Markt** verweilen und sich an diesem wahrhaft malerischen Stadtbild erfreuen. Zu Rathaus und Kirche tritt ja auch, schräg gegenüber der Rathausfront, das **Wulflamhaus**. Zwar wurde es seit seiner Entstehung im 15. Jahrhundert mehrfach verändert, aber der Bau am Markt 5 bildet sozusagen das bürgerliche Gegenstück zum Amtsbau des Rathauses und der (auch innen großartig restaurierten) religiösen Würde der Nikolaikirche. Überhaupt ist Stralsund so reich an Bürgerhäusern von der Gotik über die Renaissance bis zu Barock und Klassizismus, daß mehrere Straßen noch ganz ursprünglich wirken: Frankenstraße oder Fährstraße zum Rand der Altstadt hin, Badenstraße, Semlowerstraße und Mühlenstraße im Umkreis des Marktes.

Es liegt nahe, sich an den Kirchen zu orientieren. Am Neuen Markt (südlich des Alten) erhebt sich die **Marienkirche**, die zwischen 14. und 15. Jahrhundert entstand und 1708 ihre heutige barocke Turmhaube erhielt. Seine

Ausmaße 99 Meter Länge) verdankt der Bau dem Geltungsbedürfnis der Gewandschneider, die damit die altstädtische Nikolaikirche in den Sachtten stellen wollten. Der ursprüngliche Turmhelm, den 1647 ein Blitz zerstörte, ragte 150 m hoch! Das Westwerk der Kirche mit den Treppentürmen erinnert an eine Ritterburg. Das Innere freilich tritt hinter der Ausstattung der Nikolaikirche erheblich zurück.

Ein wenig im Schatten der beiden bereits genannten Kirchen steht die **Jakobikirche**. Sie schlägt sozusagen die Brücke zwischen Stralsunds Alt- und Neustadt. Leider erlitt sie besonders schwere Beschädigungen und erhält erst allmählich wieder ihr uprüngliches Gesicht. Immerhin war diese 1313 begonnene Kirche die zweitälteste der Stadt und wuchs bis zur Mitte des 15. Jahrhunderts empor.

Neben diesen drei monumentalen Kirchen, die das Stadtbild beherrschen, finden die Klosterkirchen meist weniger Beachtung, obwohl sie ebenso alt sind. Das gilt insbesondere für die **Katharinenkirche** der Dominikaner. Ihre Klosterräume gehören zu den bedeutendsten des ganzen Ostseeraums und enthalten heute im stilvollen Rahmen ein vielbesuchtes **Kulturhistorisches Museum.** Allerdings ist es Anfang 1994, um den Klosterbau als Ganzes zu sichern und zu restaurieren, vorübergehend ausgelagert worden. Maritimes Wissen vermittelt ein **Meeresmuseum**.

Selbstverständlich besaß auch Stralsund - wie etwa Rostock - zahlreiche Tore. Nur zwei stehen noch, denn schon im 19. Jahrhundert rissen die Stralsunder von den sechs zum Strelasund weisenden Toren fünf ab. Ebenso wurde - angeblich wegen Kriegsschäden - das Semlowertor, das einen reichen Renaissancegiebel besaß, 1960 beseitigt. Geblieben sind zwei der landseitigen Tore: das (nach einer Familie benannte) **Knieper Tor** aus dem frühen 15. Jahrhundert im Norden und das **Kütertor** (Küter waren Metzger) im Westen, das 1446 seine heutige Form erhielt.

 Stralsund Tourismusamt, Frankendamm 5, Tel. 03831 / 25 4 27.

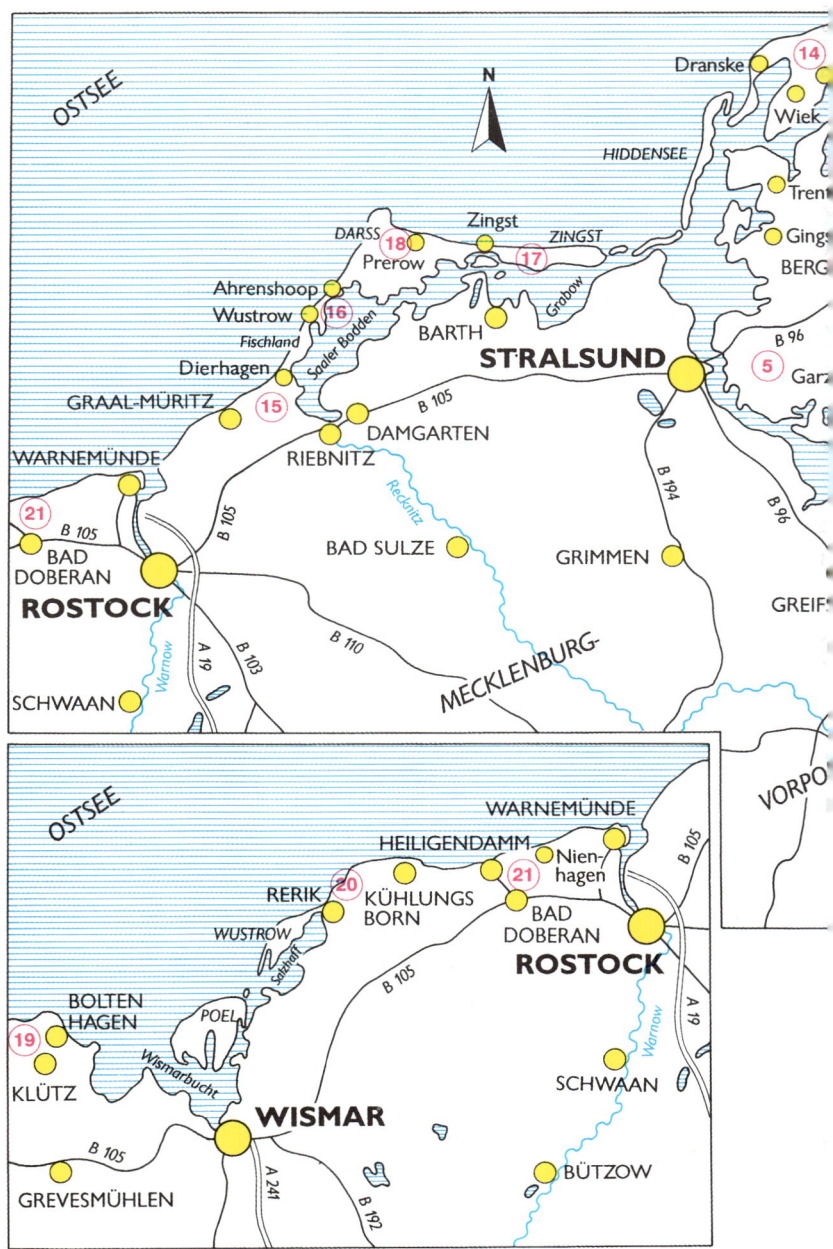

OSTSEE

Dranske

14

Wiek

HIDDENSEE

Tren

Zingst

DARSS 18

Prerow

ZINGST

17

Ging

BERG

Ahrenshoop

Wustrow

16

Saaler Bodden

Grabow

B 96

Fischland

BARTH

STRALSUND

5

Gar

Dierhagen

B 105

GRAAL-MÜRITZ

15

DAMGARTEN

B 194

B 96

WARNEMÜNDE

RIEBNITZ

Recknitz

21

B 105

B 105

BAD SULZE

GRIMMEN

BAD
DOBERAN

ROSTOCK

B 103

B 110

GREIFS

Warnow

A 19

MECKLENBURG-

SCHWAAN

OSTSEE

WARNEMÜNDE

HEILIGENDAMM

Nien-
hagen

VORPO

RERIK

20

KÜHLUNGS
BORN

21

B 105

WUSTROW

Saline

BAD
DOBERAN

ROSTOCK

BOLTEN
HAGEN

POEL

B 105

Warnow

A 19

19

Wismarbucht

KLÜTZ

SCHWAAN

WISMAR

B 105

A 241

BÜTZOW

GREVESMÜHLEN

B 192

Übersichtskarte

Serviceteil - Informationen von A bis Z

Allgemeines - Mecklenburg-Vorpommern umfaßt eine Fläche von 23.838 qkm und hat   1 964.000 Einwohner. Die beiden einzigen Großstädte - die Landeshauptstadt Schwerin und Rostock - liegen an der Küste oder nahe daran. Unter den insgesamt zehn größten Städten befinden sich vier direkt an der Küste. Vorherrschende wirtschaftliche Bedeutung haben Landwirtschaft und Fremdenverkehr.
Die Länge der Ostseeküste (Inseln inbegriffen) beträgt 1.470 Kilometer. Vor der Küste liegen zehn Inseln, darunter als größte deutsche Insel Rügen (930 qkm).

Anfahrt - Solange die geplante Ostsee-Autobahn A 11 (sie ist bereits im Bau) nicht verfügbar ist, führt lediglich die A 19 von Berlin nach Rostock. Sie wird von Hamburg aus mit der A 24 bei Wittstock erreicht und bedeutet kilometermäßig einen ausgesprochenen Umweg. Den Anschluß an die A 19 bildet in Richtung Stralsund (Rügen) die B 105.
Zugverbindungen bestehen von Berlin nach Saßnitz, über Stralsund und Bergen (knapp 4 Stunden), nach Usedom nur mit mehrfachem Umsteigen. Von Hamburg fährt man über Rostock nach Saßnitz (rund 5 Stunden).

Auskunft - Alle größeren und kleineren Seebäder haben Kurdirektionen, die Informationsmaterial verschicken. Allerdings wird für etwas umfangreichere Prospekte teilweise eine Gebühr berechnet. Weitere Informationen über:
Landesfremdenverkehrsverband Mecklenburg-Vorpommern,
Platz der Freundschaft 1, 18059 Rostock, Tel. 0381/72 52 61, Fax 72 52 60;
Fremdenverkehrsverband Fischland-Darß-Zingst, Klosterstr. 21,
06268 Zingst, Tel. 03832/2 32;
Fremdenverkehrsverband Rügen, August-Bebel-Str. 12,
18586 Ostseebad Sellin, Tel. und Fax 038303/3 34;
Fremdenverkehrsverband Insel Usedom, Dünenstr. 11,
17454 Zinnowitz, Tel. 038377/28 84;
Fremdenverkehrsverband Vorpommern, Bahnhofstr. 72,
17438 Wolgast, Tel. 03836/23 28 und 60 02 06, Fax 60 02 3 91.

Camping - Entlang der ganzen Küste und auf den Inseln ist die Zahl der Campingplätze ungewöhnlich groß. Allein auf der Insel Rügen sind es weit über 20, wobei sich sowohl die Qualität wie die Nähe bzw. Entfernung zum Strand erheblich unterscheiden. Wer den jeweils aktuellen Stand für konkrete Wünsche berücksichtigen will, erfährt das Notwendige von den Kurverwaltungen oder Fremdenverkehrsämtern. Unumgänglich ist es, möglichst früh anzufragen und zu buchen. Für Vorpommern (Usedom, Fischland-Darß und Rügen) informiert ein Campingführer ausführlich über nahezu 50 Campingangebote. Auch ADAC und DCC präsentieren zahlreiche Plätze an der Küste Mecklenburg-Vorpommerns in ihren Campingführern.

Fahrradverleih - "Fahrrad am Bahnhof" gibt es in Bergen, Binz, Göhren, Greifswald, Putbus, Saßnitz, Heringsdorf, Stralsund und Wismar. Darüber hinaus findet man fast überall in den Urlaubsorten private Verleihstellen. Wer ein Rad vorher reservieren lassen will, wendet sich am besten an die örtliche Kurverwaltung.

Jugendherbergen - Zentrale Organisation ist der Landesverband des DJH von Mecklenburg-Vorpommern, Messegelände an der B 105, Rostock, Tel. 0831/82 9 67 und 82 3 73, Fax 45 14 82.
Von 31 Jugendherbergen des Landes liegen 15 an oder nahe der Küste, allerdings nur eine (Binz) auf Rügen. Dazu im einzelnen: Dassow-Holm, Großenhof, Kühlungsborn, Warnemünde, Graal-Müritz, Born-Ibenhorst, Zingst, Barth, Stralsund und Stralsund-Devin, Binz, Zinnowitz, Heringsdorf, Ueckermünde-Bellin. Jugendherbergsausweis ist erforderlich. Bei starker Belegung werden Radfahrer gegenüber Autofahrern bevorzugt.

Klima - An der Ostseeküste und auf den Inseln herrscht ein anderes Klima als im Binnenland. Auch wenn die Ostsee (so gut wie) keine Ebbe und Flut kennt, spielt das Meer dabei eine wichtige Rolle. Im Frühling steigen die Temperaturen durch die im Wasser gespeicherte Kälte nur allmählich an. Dagegen wirkt sich das sommerlich angewärmte Wasser - Durchschnittstemperatur 18 Grad - im Herbst günstig für milde Temperaturen aus. Durchwachsenes Wetter verbindet mehr oder minder lange sonnige Abschnitte mit kräftigen Regenfällen, die im Sommer meist nicht lange anhalten. Mit einer frischen Brise muß man auch an sonnigen Tagen rechnen.

Kurtaxe - Zu den üblichen Ausgaben für Unterkunft und Verpflegung tritt in den Ostseebädern eine Kurtaxe. Sie ist örtlich verschieden. Auf jeden Fall gibt es aber Kinderermäßigungen. Meist wird die Kurtaxe von den Vermietern in Rechnung gestellt.

Museen - Sowohl in den Städten wie an der Küste besteht ein reiches Angebot an Museen, die oft heimatkundliche Informationen vermitteln. Beinahe alle lohnen d.en Besuch. Die wichtigsten:
Usedom: in Heringsdorf „Villa Irmgard" mit Erinnerungen an Maxim Gorki; in Peenemünde Historisch-technisches Informationszentrum (seit 1991 Raketen- und Raumfahrtmuseum).
Rügen: in Garz Ernst-Moritz-Arndt-Museum, Inventar des Jagdschlosses

Granitz; in Gingst Handwerkermuseum.

Hiddensee: Gerhart-Hauptmann-Gedenkstätte im Haus Seedorn.

Fischland/Darß/Zingst: in Prerow Darß-Museum.

Küste: in Doberan Stadtmuseum „Möckel-Haus", Ehm-Welk-Haus; in Ribnitz-Damgarten Bernsteinmuseum.

Schiffahrt - Wichtigste Schiffsverbindung ist die Fähre von Saßnitz zum schwedischen Trelleborg, Fahrzeit: 3 1/2 Stunden. Fahrrad kann mitgeführt werden. Fährverkehr nach Trelleborg besteht auch ab Rostock. Nach Dänemark fahren Fährschiffe ab Warnemünde nach Gedser. Fahrzeit: 2 Stunden. Ebenso bestehen Verbindungen von Rostock und Saßnitz zur dänischen Insel Bornholm, jedoch nur im Sommer. Die Fahrzeiten von Rostock sind unterschiedlich, von Saßnitz ca. 3 1/2 Stunden.

Die in Stralsund beheimatete „Weiße Flotte" führt Schiffahrten zum heute polnischen Swinemünde durch. Ihre Schiffe zur Insel Hiddensee laufen von Stralsund, Schaprode, Zingst und Wiek auf Rügen aus.

Darüber hinaus führen zahlreiche Reedereien und Schiffsunternehmer Ausflugs- und Rundfahrten zu und zwischen den Ostseebädern sowie um die Inseln - sowohl in der Ostsee wie in den Boddengewässern - durch. Die Peene-Reederei, Wolgast, veranstaltet Schiffsfahrten ab Wolgast, Karlshagen und Anklam. Da sich Fahrpläne und Programme rasch ändern können, ist Nachfrage bei geeigneten Auskunftsstellen vor Ort notwendig.

Sport - Alle Ostseebäder verfügen über ein unterschiedlich großes Angebot an Sportmöglichkeiten. Im Vordergrund steht Wassersport mit Segeln und Surfen. Tennis- oder Golfplätze gibt es einstweilen noch nicht so zahlreich wie in den schleswig-holsteinischen Ostseebädern, sie nehmen aber ständig zu.

Info

Wissenswerte Begriffe

Baken - frühere Seezeichen auf erhöhten Punkten im Land, so auf dem Bakenberg (67 m) der Halbinsel Mönchgut (Rügen)

Bodden - Wasserflächen, die mit dem Meer in Verbindung stehen, aber großenteils von Land begrenzt sind

Buhnen - ins Meer führende Pfahlriegel, die den Strand sichern sollen

Donnerkeile - Versteinerungen, die insbesondere an Rügens Kreideküste zu finden sind und den Schwanz urzeitlicher Tintenfische bildeten

Flunder - in der Ostsee vorkommende Schollenart, die mit Vorliebe geräuchert wird

Höft/Hövt - ins Bodden reichende Landzungen, die in der Eiszeit entstanden

Hünengräber - Die Bezeichnung führt irre. Die hier in Steingräbern oder Hügeln Bestatteten aus der Zeit vor 4.000 Jahren waren keine riesigen „Hünen".

Quallen - In der Ostsee kommen 10 verschiedene Arten vor, am häufigsten die Ohrenqualle. Es sind primitive Tierarten schleimiger Beschaffenheit. Auch wenn sie bei häufigem

Die Kirchenruine von Eldena regte Caspar David Friedrich zu seinem berühmten Gemälde an

Info

Vorkommen lästig ein können, führen nur zwei Quallenarten zu Hautreizungen. Gefährlich sind sie nicht.

Rauchkaten – einfache Häuser, die keinen Schornstein haben, so daß man den sich unter ihrem Dach sammelnden Rauch zum Räuchern von Fisch und Fleisch benützen kann

Rohrdächer – in Mecklenburg-Vorpommern vorherrschende Bezeichnung für Reet-, oder Rieddächer. Insbesondere auf dem Fischland und auf Rügen sind Häuser mit Rohrdächern, die viele Vorzüge haben, noch verbreitet. Auch Neubauten werden heute gern mit einem solchen malerischen Dach versehen. Die Dächer gelten als besonders dauerhaft und wärmeisolierend. Die Rohr- bzw. Schilfstengel wachsen an den Bodden- oder Seeufern in einer Höhe von 1 bis ca. 3 Metern.

Sturmbälle – rote, an Masten bewegliche Bälle, die bei Sturm an den Stränden ein Badeverbot signalisieren. Ein hochgezogener Ball bedeutet allgemeines Badeverbot. Ein auf halber Masthöhe sichtbarer Ball verbietet das Baden für Kinder und Nichtschwimmer.

Windflüchter – Bezeichnung für Bäume oder Baumgruppen, die als Folge des ständigen Windes nach der windabgewandten Seite hin gebogen werden und dabei beinahe groteske Formen zeigen. Der Begriff soll von einem Maler im Darßbereich geprägt worden sein.

Windstärken – bei den insbesondere im Frühjahr oder Herbst möglichen Stürmen kann es zu erheblichen Windstärken kommen. Als Anhaltspunkt kann dienen:

Windstärke 4: mäßige Brise, bei der Äste bewegt werden und kleine Wellen Schaumköpfe zeigen, 6: starker Wind, bei der Wellen von 2,5 bis 4 Meter Höhe weiße Schaumflächen bilden, 8: stürmischer Wind, bei dem Gehen nur mühsam möglich ist, von den Bäumen werden Zweige gerissen, die Wellenberge sind über 7 Meter hoch, 10: schwerer Sturm mit hohen Wellenbergen und schäumender weißer See.

Windstärken 11 und 12, die Orkan bedeuten, kommen zum Glück nur ganz selten vor.

Register